AMRA

DANIELLA
FENTON

HYBRIDE MENSCHEN

Wissenschaftliche Beweise für unser 800.000 Jahre altes kosmisches Erbe

Vorwort von
Erich von Däniken

Aus dem australischen Englisch
von Angelika Hansen & Michael Nagula

AMRA

Besuchen Sie unseren Shop:
www.AmraVerlag.de

Unsere 80-Minuten-Gratis-CD erwartet Sie.
Unser Geschenk an Sie … einfach anfordern!

Australische Originalausgabe:
Hybrid Humans. Scientific Evidence of
Our 800.000-Year-Old Alien Legacy

Deutscher Erstdruck im AMRA Verlag
Auf der Reitbahn 8, D-63452 Hanau
Hotline: + 49 (0) 61 81 – 18 93 92
Service: Info@AmraVerlag.de

Herausgeber & Lektor	Michael Nagula
Einbandgestaltung	Guter Punkt
Layout & Satz	Birgit Letsch
Recherche	Bruce R. Fenton
Druck	CPI books GmbH

ISBN Printausgabe 978-3-95447-428-8
ISBN eBook 978-3-95447-429-5

Die hier zugrunde gelegte Welterstausgabe erschien im Selbstverlag, eine veränderte Fassung bei New Page Books, USA, mit dem Titelzusatz *Exogenesis*. Das Vorwort haben wir mit freundlicher Genehmigung des Verlags Red Wheel Weiser der amerikanischen Ausgabe entnommen.

In Liebe den drei wunderschönen Seelen,
die durch mich auf die Welt gekommen sind:
Camilla, Ariane, Zachary …

… und allen Kindern der Erde.

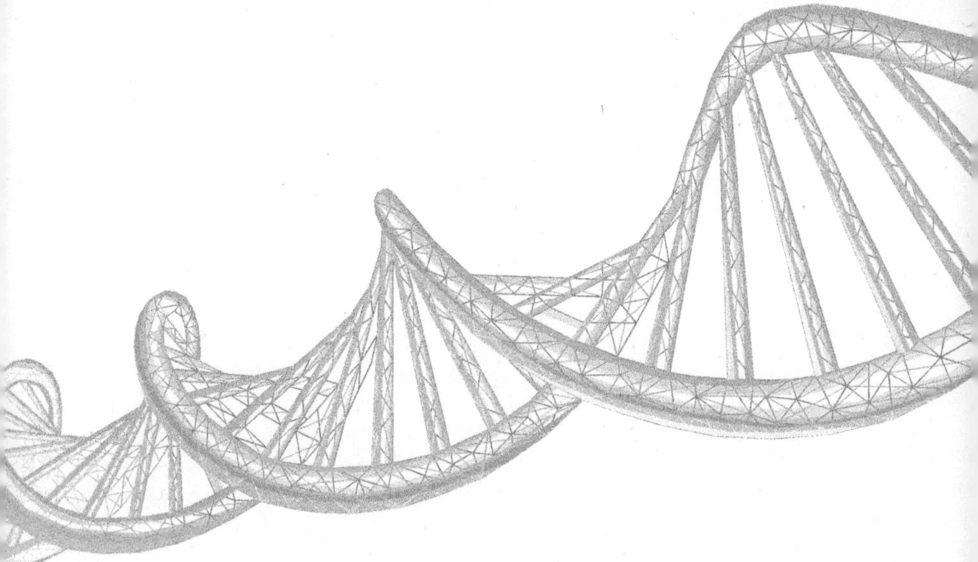

»Die Wissenschaftsgemeinde erklärt alles ausschließlich durch natürliche Selektion und Zufall, und das Lager des Intelligent Design behauptet, alles sei von Gott gemacht. Was wäre, wenn diese externe Macht tatsächlich existiert, jedoch in Form eines Außerirdischen?«

Giorgio Tsoukalos

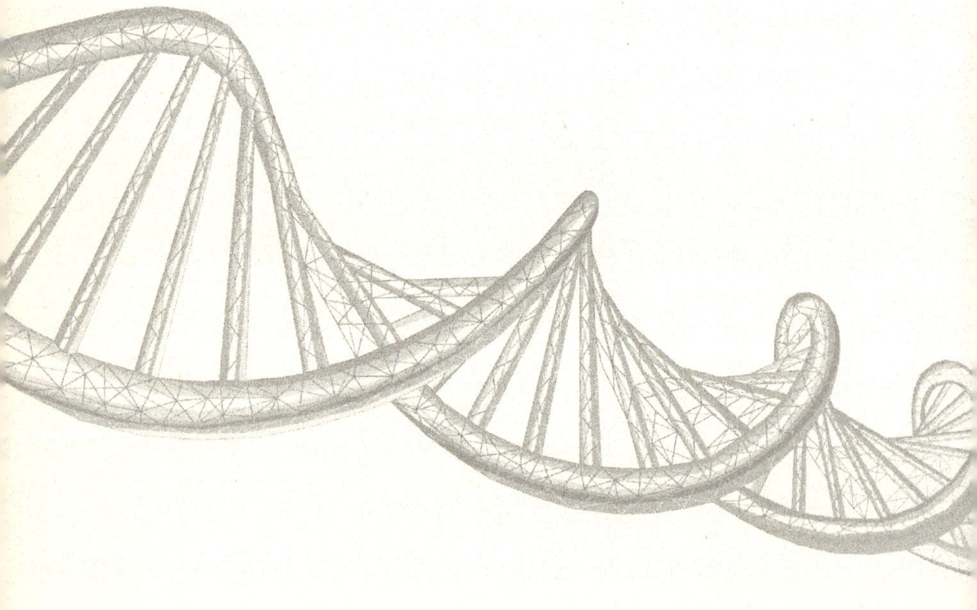

Inhalt

Einleitende Worte

von Erich von Däniken

Charles Darwin gilt als »Vater der Evolution«. In bestimmten Kreisen ist es geradezu Selbstmord, seine Theorie anzuzweifeln. Dabei haben seit Jahren namhafte Wissenschaftler vor dem Glauben an die Evolutionstheorie gewarnt. So Professor Dr. Bruno Vollmert (1920-2002). Er war Professor für molekulare Chemie an der Universität Karlsruhe und schrieb: »Die Lehre Darwins von der Entstehung der Arten und des Lebens überhaupt durch Mutation und Selektion war und ist ein großer Irrtum.« Ähnliche Meinungen vertreten der Nobelpreisträger Francis Crick, der Astrophysiker Sir Fred Hoyle oder das Mathematik-Genie Chandra Wickramasinghe, Letzterer Direktor des Buckingham Centre of Astrobiology der Universität Buckingham in England.

Ich selbst brachte bereits vor vierzig Jahren einen Gedanken in die Diskussion, der heute mehr und mehr realistisch wird: die gezielte, künstliche Mutation von außen. Die Idee dazu stammte ursprünglich gar nicht von mir – ich hatte sie der Heiligen Schrift, der Bibel, entnommen. Dort, im 1. Buch Moses, Kapitel 6, Vers 1 bis 4, ist von »Gottessöhnen« die Rede, welche sich »Töchter der Menschen zu Weibern nahmen«.

Jahrtausende später glauben die Christen an die »Jungfrauengeburt«. Die Mutter von Jesus soll unbefleckt vom »Heiligen Geist« empfangen haben.

Doch aus welcher Küche stammt die ursprüngliche Idee dieser künstlichen Befruchtung?

Im Alten Testament wird an mehreren Stellen von derartigen Wundern berichtet.

Die unfruchtbaren Frauen Sarah (Gen. 18, Vers 10-14) und Rebekka (Geb. 25, Vers 2l-26) erlebten das Glück, von irgendwelchen himmlischen Wesen besucht worden zu sein. Dieser »Same vom Himmel« war im alten Orient aber eine Selbstverständlichkeit. Jeder Herrscher hatte »göttlicher Abstammung« zu sein. Sonst war er nichts wert.

Der ägyptische Gott Amun-Re begattete die Mütter seiner Thronerben. Alexander der Große (356-323 v. Chr.) soll durch einen Blitzstrahl gezeugt worden sein. Der Assyrer-König Assurbanipal (687-627 v. Chr.) war ein Sohn der Göttin Ischtar. Auch der akkadische König Hammurabi (1728-1686 v. Chr.) gehört zu den Himmelsgeburten. Seine Mutter wurde vom Sonnengott geschwängert. Gestalten wie Buddha oder Zarathustra sind durch einen »göttlichen Strahl« im Leibe ihrer jungfräulichen Mütter gezeugt worden. Genauso der Begründer des tibetanischen Reiches, Gesar, oder die ersten Urkaiser Chinas. Dasselbe gilt für die ursprünglichen Herrscher der Inka oder jene der Azteken.

Das Motiv ist uralt. Im babylonischen Gilgamesch-Epos, das auf Sumer zurückgeht, wird Gilgamesch, der König der Stadt Uruk, von den Göttern geschaffen. »So schufen den Gilgamesch die großen Götter: Elf Ellen lang war sein Wuchs … zwei Teile sind Gott an ihm – Mensch sein dritter Teil.«

Man mag den Standpunkt vertreten, alle diese Überlieferungen über Himmelsgeburten seien der Fantasie unserer Vorfahren entsprungen. Sie wünschten eben so etwas. Doch damit machen wir es uns zu einfach. Die ältesten Schriften stammen aus Sumer: die Keilschriften. Die ersten Schreiberlinge, die mit irgendwelchen Griffeln dickere oder dünnere Striche in ihre Tontafeln trieben, waren keine Science-fiction-Autoren. Schreiben galt als höchste Kunst. Doch wir Schlaumeier unserer Zeit nehmen an, die Urschreiber hätten ihren Tontafeln Fantasiegeschichten anvertraut. Ich unterstelle, der damalige Herrscher oder Oberpriester hätte einen derartigen Missbrauch niemals zugelassen. Übermittelt wurde die Wahrheit. Weshalb, um alles in der Welt, schrieben sie dann: »So schufen den Gilgamesch die großen Götter ... zwei Teile sind Gott an ihm – Mensch sein dritter Teil.«

Die Götter vor Jahrtausendenden waren Außerirdische. Und die experimentierten mit verschiedenen Lebewesen – auch mit unseren Vorfahren. Das widerspricht nicht grundsätzlich der Evolution. (Wobei die Frage, wodurch die ursprünglich chemische Evolution entstand, nicht dieselbe ist wie die nach der biologischen Evolution.) Wir können durchaus Produkte der biologischen Evolution sein, doch in diese Evolution wurde immer wieder eingegriffen. Man vergleiche es mit einem Apfelbaum. Irgendwann, vor Hundertausenden von Jahren, gab es so etwas wie eine »Ur-Apfel-Wurzel«, aus der in einem evolutionären Prozess ein Apfel entstand.

Doch dann kam der Mensch.

Und alleine durch die Pfropfung (auf Englisch »grafting«) veränderten wir den Apfel. Diese Vorgänge sind keine Gegensätze: Evolution und künstliche Mutation.

Unsere Genetiker werden es beweisen. Der Mensch ist nicht nur das Produkt der Evolution.

Daniella Fentons Buch *Hybride Menschen* ist ein Meilenstein zum Verständnis unserer Vergangenheit. Es sollte zum Lehrbuch an allen Schulen werden.

Erich von Däniken, 1935 in der Schweiz geboren, gehört mit einer Weltauflage von rund 70 Millionen Exemplaren seiner Werke zu den international erfolgreichsten Sachbuchautoren. Mehrere seiner über vierzig Bücher wurden verfilmt, und nach seinen Ideen entstanden viele Fernsehserien und Dokureihen. 2018 belegte er auf der Watkins-Liste der weltweit spirituell einflussreichsten Personen den zwölften Platz hinter Papst Franziskus und dem Dalai Lama. Bei diesem Vorwort handelt es sich um die deutsche Originalversion der Einführung zu »Exogenesis: Hybrid Humans«. Wir bedanken uns bei Red Wheel Weiser für die freundliche Abdruckgenehmigung.

Bibliografie

Vollmert, Bruno: *Schöpfung*. Freiburg 1988

Hoyle, Fred, und Wickramasinghe, Chandra: *Die Lebenswolke*. Frankfurt 1979

dito: *Evolution aus dem All*. Frankfurt 1982

Crick, Francis: *Life Itself. It's Origine and Nature*. London 1982

Schott, Albert: *Das Gilgamesch-Epos*. Stuttgart 1977

Vorwort

Es gibt nur wenige Sujets zu erforschen, die so faszinierend sind wie das Thema Außerirdische. Wir grübeln über die Natur dieser Wesen, die Fertigkeiten, die sie vielleicht anwenden und welche Art von Interaktion es zwischen ihnen und Menschen gegeben hat. Und nicht zuletzt fragen wir uns, welche Absichten außerirdische Wesen haben könnten in Bezug auf diesen Planeten. Achten Sie an dieser Stelle bitte darauf, dass ich nicht mit der Frage beginne, ob Außerirdische existieren oder nicht; aufgrund meiner persönlichen Erfahrungen kann ich bestätigen, dass sie tatsächlich existieren.

Ich hatte Zeit meines Lebens sogenannte *übernatürliche* Erlebnisse und arbeite als telepathisches Medium, Regressionstherapeutin und lizensierte Praktizierende des Anden-Schamanismus. Bei meinen beruflichen Aktivitäten hatte ich häufig Kommunikationen mit verstorbenen menschlichen und nicht-menschlichen Wesenheiten. Diese Kontakte sind sowohl außerirdischer als auch interdimensionaler Natur. Wenn Sie mit irgendeinem Medium oder Schamanen sprechen und wissen wollen, ob je Botschaften von Wesen durchgekommen sind, die sich als nicht dieser Welt zugehörig identifizierten, werden sie dies in der Regel bestätigen. In der parapsychologischen Gemeinde ist der Kontakt mit solchen Wesenheiten an der Tagesordnung.

Zu einigen meiner frühesten Erinnerungen – ich war damals ungefähr eineinhalb Jahre alt – gehören extrem ungewöhnliche Wesen, die neben meinem Kinderbett auftauchten. Ich erinnere mich an unzählige Momente, wo bizarre Wesenheiten in meinem Zimmer waren. Eines dieser Wesen war ein stark behaarter affenähnlicher Humanoide, etwa einen Meter groß, mit der irritierenden Angewohnheit, im Raum herumzuhüpfen. Nicht weniger angsteinflößend war es zu sehen, wie er an der Ecke meines Bettes stand und mich beobachtete. Ich hatte Angst, dass er mich vielleicht im nächsten Augenblick packen und mitnehmen würde. Im Laufe mehrerer Jahre sah ich die gleiche affenähnliche Wesenheit viele Dutzend Mal. Falls sich das noch nicht schlimm genug anhört: Es gab damals einen weiteren Besucher in meinem Schlafzimmer, der mich vor Angst zum Zittern brachte, während er einfach nur dastand und mich still überwachte. Diese zweite Erscheinung war fast zwei Meter groß, von grauschwarzer Farbe und hatte mandelförmige Augen.

Manche werden sagen, dass diese nächtlichen Besuche nichts weiter waren als die lebhaften Träume eines Kindes, einfach Fantasien statt Erscheinungen. Meine Antwort auf derlei Einlassungen bestand stets darin, die Tatsache zu betonen, dass ich seitdem mein ganzes Leben lang immer wieder nichtmenschliche Wesenheiten und Geistwesen sehe, und zwar sehr häufig und nicht nur nachts.

Vielleicht die seltsamsten meiner bisherigen Erfahrungen waren Dutzende spontaner schamanischer Reisen im Jahre 2012. Diese total real scheinenden Ereignisse gingen damit einher, dass ich bewusstlos aus dem Bett fiel, bevor ich merkte, dass ich im Körper einer Frau war, die im siebten Jahrhundert in der Maya-Stadt Palenque während der Herrschaft von Lord Janaab Pakaal gelebt hat. Die Führungselite dieser Stadt, einschließlich Pakaals und der Lady, in die ich mich verwandelt hatte, stellten sich als Hybride aus Außerirdischen und Mensch heraus – als Mischlingswesen.

Im Laufe meiner Reisen nach Palenque erhielt ich eine Menge Informationen, von denen einige als außerirdisches Wissen betrachtet werden können. Eine der wichtigsten Enthüllungen, die mir gemacht wurden, betraf den Ort, von wo aus die Außerirdischen zu unserem Planeten kamen. Er lag in Richtung des Sternenhaufens der Plejaden.

Nun, ob dies tatsächlich eine Erinnerung an ein früheres Leben oder ein Fall von Astralreise zur aktuellen Stadt Palenque war, kann ich nicht mit Sicherheit sagen. Vielleicht schlossen meine Reisen eine Art seltsamer außerirdischer Projektion dieser Stadt mit ein, die in mein Bewusstsein gebeamt wurde, vergleichbar einem bizarren Virtual-Reality-Spiel. Ich bin nicht in der Lage, solche höchst seltsamen Möglichkeiten voneinander zu unterscheiden, und kann nur versichern, dass es Erfahrungen waren, die sich hundertprozentig lebendig und real anfühlten. Sie haben mein Leben für immer verändert, und nicht unbedingt auf ausschließlich positive Weise. Ich werde nie mehr der Mensch sein, der ich war, bevor sich diese außergewöhnlichen und fantastischen Reisen ereigneten.

Außer schamanischen Reisen, die mit außerirdischer Intelligenz einhergingen, habe ich auch etwas gesehen, was man heute wohl als UFOs bezeichnen würde, als unbekannte Flugobjekte. Ich möchte hier eines dieser Geräte kurz einmal beschreiben, da es eine tiefgreifende Wirkung auf mich hatte und bis dato meine einprägsamste Begegnung mit etwas war, das ich als fortgeschrittene Technologie empfinde, die nicht von dieser Welt ist.

Meine Begegnung mit einem fremdartigen Fluggerät, genauer gesagt deren drei, fand 1999 statt, und zwar eines späten Abends, als ich mit meinem Vater vom Stadtzentrum von Sydney in Richtung Flughafentunnel unterwegs war und wir merkten, dass der Verkehr ins Stocken geriet, so als hätte es weiter vorne einen Unfall gegeben. Wir fuhren langsamer und sahen, dass die Leute aus ihren Autos stiegen und zum Himmel hochschauten. Wir hielten an und taten das Gleiche. Dann sahen wir, direkt über dem Kontrollturm des Flughafens, drei dreieckige Objekte, die in einer Triangel-Formation auf der Stelle schwebten. Jedes Objekt hatte ein Licht an seinen drei Ecken und ein weiteres in der Mitte, das langsam pulsierte. Nach ungefähr fünf Minuten schossen die drei Fluggeräte in drei unterschiedlichen Richtungen davon.

Mein Vater beorderte uns zurück ins Auto, und wir fuhren in den nächsten Tunnel. Als wir wieder herauskamen, sahen wir, dass jetzt eines der drei Objekte direkt über unserem Auto schwebte. Wir folgten der weiten Straße nach Brighton le Sands, einem kleinen Vorort am Meer, und noch fünfzehn Minuten weiter. Das seltsame Objekt blieb in unmittelbarer Nähe, immer etwa fünfzig bis einhundert Meter über uns. Irgendwann kam es noch näher heran, wobei die Wipfel der höchsten Bäume am Straßenrand es offensichtlich hinderten, tiefer zu gehen. Während das Objekt sich auf uns zubewegte, fing unser Autoradio an, seltsam ungewohnte Geräusche zu machen. Auch der Motor schien von dem Ding über uns irgendwie beeinträchtigt zu sein, da auch er plötzlich ein paar seltsame Geräusche produzierte.

Ich sagte meinem Vater, er solle besser beim nächsten McDonald's haltmachen, ehe der Motor noch ganz ausfällt. In dem Moment begann das Fluggerät höher zu steigen, bevor es mit enormer Geschwindigkeit davonraste.

Und erst dann gestand mir mein Vater, dass er als junger Mann in Ecuador etwas Ähnliches schon einmal gesehen hatte. Er hatte sich in seiner Heimatstadt Ambato in einer Menschenmenge befunden, die Zeuge wurde, wie ein seltsames Fluggerät unbeweglich hoch über der Kathedrale schwebte. Weitere seltsame Erscheinungen am Himmel fanden alle während der Zeit statt, als er im ecuadorianischen Dschungel arbeitete, und dazu gehörten auch leuchtende Kreise, die nachts seinem Auto folgten.

Aufgrund dieser Erfahrungen und vieler anderer, die alle aufzuführen zu lange dauern würde, bin ich überzeugt von der Existenz außerirdischer und interdimensionaler Intelligenz. Zudem haben mich meine persönlichen Erfahrungen befähigt, mir die Erklärungen anderer Menschen unvoreingenommen anzuhören, egal ob es sich dabei um außersinnliche Übermittlungen handelt, persönliche Begegnungen, Berichte über Entführungen oder Sichtungen, bei denen unbekannte Besucher unserer Welt in unbekannten Fluggeräten den nächtlichen Himmel durchqueren.

Zahlreiche Forscher haben Beweismaterial für historische UFO-Besuche und fortdauernde ET-Begegnungen vorgelegt. Manche dieser Daten legen die Vermutung nahe, dass Außerirdische diesen Planeten vor allem im letzten Jahrhundert häufig besucht haben. Außerdem scheint es, dass diese Besucher nach wie vor am Himmel umherfliegen, wie es ihnen gerade gefällt, und dass sie sogar ungestraft Personen entführen, wann immer ihnen danach ist. Eine Vielzahl von Büchern beschäftigt sich mit dieser Art von UFOs und dem Beweis außerirdischer Aktivitäten auf der Erde, und es ist nicht meine Absicht, etwas zu wiederholen, was bereits von anderen, die sich besser dafür eignen als ich, erfolgreich absolviert wurde. Ich hatte meine eigenen Erfahrungen in diesen Bereichen, aber das ist auch schon alles.

Mein persönliches Interesse im Bereich außerirdischer und interdimensionaler Intelligenz besteht darin, dass ich den Versuch unternehmen will, Behauptungen über den direkten Kontakt in vorgeschichtlichen Zeiten zu validieren. Der Zeitraum, auf den ich mich fokussieren werde, liegt so weit zurück, dass Sie meine Aufgabe vielleicht als unmöglich betrachten werden. Tatsächlich wäre ich unter normalen Umständen, und begrenzt auf die alltägliche Beweisführung, ebenfalls ganz und gar sicher, dass dies ein Ding der Unmöglichkeit ist. Wie Sie sehen werden, ist es meinem privilegierten Zugang zu einigen sehr außergewöhnlichen Quellen jedoch zu verdanken, dass dieses Projekt durchaus möglich wurde. Ich bin überzeugt, dass sich das Ganze extrem mysteriös anhört, aber wenn Sie weiterlesen, wird Ihnen nach und nach alles klar werden.

Hybride Menschen ist ein Buch, das sich sehr von allen anderen Büchern unterscheidet, die bis heute geschrieben wurden. Wir werden uns den überzeugenden Bericht eines Zeugen näher anschauen, bei dem es um Interaktionen mit einem anscheinend außerirdischen Artefakt geht, und die wiederaufgetauchten Erinnerungen an frühere Leben von über dreißig Personen analysieren. Basierend auf den Informationen, die diese ungewöhnlichen Quellen bieten, werde ich versuchen, die zentralen Behauptungen durch objektive wissenschaftliche Beweisführung zu bestätigen.

Als erfahrene Schamanin, Medium und zertifizierte Regressionstherapeutin befinde ich mich in einer ausgezeichneten Position, um solche Berichte zu überprüfen. Doch ist es in erster Linie der bedingungslosen Unterstützung meines Ehemannes und Mitforschers Bruce Fenton zu verdanken, dass ich als Querverweis Zugang zu umfangreichem Beweismaterial aus wissenschaftlichen Forschungen erhielt. Bruce ist der Autor von *The Forgotten Exodus* (»Der vergessene Exodus«, nicht auf Deutsch erschienen), einem populärwissenschaftlichen Werk, das sich mit dem Ursprung der Menschheit befasst. Die Verbindung unserer beider Beweisführungen ergibt ein solides wissenschaftliches Argument für eine hochentwickelte kosmische Zivilisation, die diesen Planeten vor Hunderttausenden von Jahren besucht hat. Noch wichtiger, und vielleicht noch kontroverser, ist unsere Entdeckung, dass diese Besucher geholfen haben, die frühesten Vorfahren des *Homo sapiens* zu entwickeln.

Daniella Fenton

Bathurst, Australien

Einführung

Unlängst druckte das berühmte Magazin *New Scientist* eine Liste der wichtigsten Fragen ab, die Menschen heutzutage stellen. Nummer Eins auf der Liste war eine Frage, die wohl jedem von uns auf der Seele brennt: »Was ist Realität?«, während eine andere Frage dadurch auffiel, dass sie gar nicht gestellt wurde: »Sind wir allein im Universum?«

Jeder lebende Mensch mit ausreichender Gehirnfunktion und sensorischem Input wird sich wahrscheinlich mindestens einmal in seinem Leben fragen, ob es intelligentes Leben außerhalb dieses Planeten gibt. Das ist eine Frage, die bereits den Geist führender Wissenschaftler der verschiedensten Richtungen beschäftigt hat und seit unvordenklichen Zeiten auch die Gedanken von Philosophen und Theologen. Diese aufregende Möglichkeit ist es, die Maler und Schriftsteller dazu getrieben hat, wunderbare, fantastische Bilder und Darstellungen möglicher außerirdischer Wesen zu erschaffen.

Akademiker haben alle wissenschaftlichen Kenntnisse bezüglich der Frage angewandt, ob wir vielleicht eines Tages in Kontakt mit einer hochentwickelten außerirdischen Zivilisation kommen werden. Die mit dem Leben auf der Erde assoziierten Mechanismen sind im Rahmen der wichtigsten wissenschaftlichen Disziplinen Biologie, Chemie und Physik untersucht worden. Anschließend hat man die produzierten

Daten mit Erkenntnissen aus der Raumforschung sowie Astrophysik und Exobiologie vernetzt. Komplexe mathematische Formeln wurden eingesetzt, um die Anzahl bewohnbarer Planeten und die Chancen zu kalkulieren, dass Leben entstehen und die erforderliche Komplexität erreichen kann. Philosophen und Psychologen haben zudem mögliche Beispiele außerirdischer Kulturen entworfen und die Art, wie diese ihre Zivilisationen strukturieren würden.

Die Resultate all dieser hingebungsvollen Aktivitäten können als eine komplexe Mischung von hoffnungsvollem Optimismus und bedauerndem Pessimismus zusammengefasst werden. Viele der Wissenschaftler bei SETI, einer Organisation, die sich seit sechzig Jahren systematisch mit der Suche nach außerirdischem Leben befasst, sind zuversichtlich, dass in den nächsten Jahrzehnten chemische Marker für organisches Leben gefunden werden.

Diese Entdeckungen wären dann aufgrund von Technologien möglich, mit deren Hilfe die atmosphärische Zusammensetzung weit entfernter Welten analysiert werden kann. Vielleicht können wir sogar irgendwann ein verirrtes Radiosignal hochentwickelter Wesen eines Planeten auffangen, der viele Lichtjahre weit entfernt ist.

Einige Wissenschaftler gehen hingegen davon aus, dass das Leben auf der Erde einzigartig ist, eine Anomalie in einem ansonsten öden Universum. Tatsächlich wäre der Mangel an Leben im Kosmos eine ausgezeichnete Erklärung dafür, warum Wissenschaftler bisher niemanden da draußen gefunden haben. Aber ganz gleich, mit wie vielen Wissenschaftlern Sie auch sprechen, Sie werden höchstwahrscheinlich nur wenige finden, die glauben, dass die Menschheit in nicht allzu weit entfernter Zukunft einen direkten Kontakt mit hochentwickelten außerirdischen Wesen haben wird.

Der Grund für die angeblich geringen Chancen der Menschheit, mit anderen zwischen den Sternen verstreuten komplexen Lebensformen in Verbindung zu treten, ist letzten Endes auf ein bestimmtes Grundverständnis zurückzuführen und auf ein paar wesentliche Voraussetzungen, von denen allgemein ausgegangen wird. Das physische Universum ist riesig und uralt. Seine enorme Ausdehnung und sein unvorstellbares Alter lassen vermuten, dass jegliche Zivilisationen durch unfassbar große Entfernungen und der zu ihrer Überbrückung erforderlichen Zeit voneinander getrennt sind.

Bei so vielen potenziell angepeilten Sternensystemen gilt es mathematisch als unwahrscheinlich, dass wir, oder sonst irgendeine intelligente Rasse, das Glück haben könnten, einen anderen Planeten im Kosmos zu finden, der als Brutstätte komplexer Organismen in Frage käme.

Die Tatsache, dass das Universum seit Milliarden von Jahren existiert, macht es möglich, dass eine Zivilisation entstanden und kollabiert ist, deren Kontaktversuche bereits lange vor unserer Existenz hier auf der Erde erfolgten.

Unter Berücksichtigung all dieser Überlegungen ist es nachvollziehbar, warum die Wissenschaft skeptisch ist hinsichtlich der Möglichkeit, in naher Zukunft außerirdische Wesen zu kontaktieren. Die Wissenschaft geht davon aus, was für ein unglaublicher Zufall es wäre, in den unermesslichen Weiten des Alls über eine hochentwickelte Zivilisation zu stolpern. Uns wohnt zwar das Bedürfnis inne, entgegen aller Wahrscheinlichkeiten zu triumphieren, aber das ist eine heikle Angelegenheit. Selbst wenn zwei weit voneinander entfernte Parteien sich der gegenseitigen Suche widmen würden, neigen die mathematischen Chancen zu der Möglichkeit, dass sie einander nicht begegnen.

Aber hier sollten wir uns einmal anschauen, was dem menschlichen Bedürfnis, irgendwo im Kosmos Freunde zu finden, eigentlich zugrunde liegt.

Die Wissenschaftler, die solchen Auffassungen folgen, gehen davon aus, dass die Außerirdischen sich nicht bewusst sind, dass die Menschheit existiert. Diese Annahme setzt voraus, dass eine außerirdische Rasse irgendwie zufällig über unsere Existenz stolpern würde. Diese scheinbar rationale Annahme ist der ursächliche Grund für all den Pessimismus unter interessierten Akademikern. Dabei lautet die Frage, die wir stellen müssen, doch eigentlich: »Was ist, wenn eine außerirdische Intelligenz seit Millionen von Jahren weiß, dass unser Planet organisches Leben beherbergt?«

In diesem Buch können wir Ihnen verblüffende Beweise präsentieren, die keinen Zweifel daran lassen, dass unsere Erde außerirdischen Rassen bekannt ist. Sie ist ihnen bekannt, seit hier Leben entstand. Auf der Grundlage unserer eingehenden Forschungen gehen wir sogar davon aus, dass eine außerirdische Zivilisation unsere Welt mit Organismen auf DNA-Basis »eingesät« hat. Diese Verbreitung von Leben auf der Erde dürfte kurz nach der Verdichtung und Erkaltung der Erdkruste stattgefunden haben.

Die Aussaat von Leben in unserer jungfräulichen Welt hätte vom allerersten Augenblick planetarischer Genese eine kosmische Beziehung mit außerirdischen Vorfahren etabliert. Obgleich das wissenschaftliche Argument für eine solche Aussaat nicht neu ist und als »gerichtete Panspermie« bekannt geworden ist, wurde sie bisher nicht ernst genommen. Doch die Beweise haben im Laufe der Zeit immer mehr zugenommen.

Wenn hochentwickelte Wesenheiten sich bewusst sind, dass unser Planet Leben beherbergte, lange bevor die Menschen entstanden, ist das eine Sache. Aber dass sie plötzlich auf unserer Schwelle stünden, wäre eine andere. All die komplexen Kalkulationen und angesammelten Daten unserer etablierten Wissenschaft würden uns absolut nichts über die Wahrscheinlichkeit eines solchen Szenarios sagen. Doch könnte nicht die Möglichkeit bestehen, dass eine galaktische Intelligenz diese Welt insgeheim beobachtet? Vielleicht interessiert sie sich für die Evolution des Lebens auf diesem Planeten?

Ich jedenfalls behaupte, dass eine bestimmte Gruppe außerirdischer Wesen sich unmittelbar in die Evolution unserer frühesten menschlichen Vorfahren eingemischt hat, bis hin zur Entstehung des *Homo sapiens*. Es gibt nachvollziehbare und logische Gründe für diese Einmischung, und die werden im Weiteren erklärt. Sie als Leserin oder Leser werden aufgefordert, diese Meinung auf keinen Fall ungeprüft zu übernehmen. Bitte machen Sie es sich nicht so einfach, obskure antike Schriften und megalithische Strukturen als brauchbare und stützende Beweise unhinterfragt zu akzeptieren.

Wir haben allen Grund, klare Aussagen zu treffen, die vermutlich in höchstem Maße der Realität entsprechen. Ihre Aufgabe ist es, sich Gedanken darüber zu machen. Zum ersten Mal in der Geschichte der Menschheit werden wir überzeugende wissenschaftliche Beweise für ein außerirdisches Fluggerät vorlegen, das diesen Planeten in grauer Vorzeit besucht hat. Zu Ihrer Begutachtung angeboten wird die detaillierte wissenschaftliche Analyse der Reste von Materialien, die mit diesem hochentwickelten außerirdischen Raumschiff in Zusammenhang stehen. In allen Fällen, bei denen wissenschaftliche Meinungen vorliegen, stammen diese von hochgeachteten akademischen Forschern.

Hinsichtlich des Arguments, dass bei der Evolution des Menschen eine helfende Hand eingegriffen hat, wird Ihnen hier eine detaillierte Analyse der Anomalien im menschlichen Genom bereitgestellt. Meine persönliche Schlussfolgerung ist, dass diese genetischen Anomalien ein bewusstes Engineering der vorzeitlichen Menschenform zum frühen *Homo sapiens* bestätigen. Ich bin mir vollkommen dessen bewusst, was das voraussetzt – dass wir nicht allein sind in der unendlichen Weite des Universums. Und genau für diese These wird das Buch in Ihrer Hand konkrete objektive Beweise bieten.

Bevor wir uns der exakten Wissenschaft zuwenden, werden wir eine Anzahl bedeutender Quellen erforschen, die bestätigen, dass die außerirdischen Wesen, von denen hier die Rede ist, sich in einem ganz allmählich ablaufenden Prozess des Herbeiführens einer interstellaren Beziehung mit der Menschheit befunden haben und noch immer befinden. Der gegenseitige Austausch erfolgt in Form eines stufenweise sich entwickelnden Kontakt-Kontinuums. Von Natur aus ist dieser Austausch so fremdartig, dass unsere Erdbevölkerung sich dessen Existenz in der Regel gar nicht bewusst ist.

Menschen neigen zu der irrigen Annahme, dass eine außerirdische Zivilisation Kontakt auf die eine Weise herstellen würde, die für jeden offensichtlich ist. Sie werden auf dem Rasen vor dem Weißen Haus landen und dem Präsidenten die Hand schütteln. Dabei haben wir es mit einer vollkommen unbekannten und mysteriösen Art von Bewusstsein zu tun. Die außerirdische Intelligenz, die gegenwärtig Kontakt mit der Menschheit herstellt, entwickelte sich in einer völlig unterschiedlichen Situation und im Laufe einer sehr langen Zeit. Dieses außerplanetarische Kollektiv besitzt technologische Mittel und außersinnliche Fähigkeiten, die uns Menschen wie Wunder erscheinen.

Das Buch in Ihrer Hand hält alle Beweise bereit, die nötig sind, um die verblüffenden Enthüllungen zu akzeptieren, dass wir mindestens *eine* Gruppe von Freunden außerhalb dieser Welt haben. Diese Wesen machen deutlich, dass sie bereit sind, von uns willkommen geheißen zu werden, jedoch nichts unternehmen, um den Eindruck zu vermeiden, sie hätten die Absicht, unseren Planeten für sich zu reklamieren.

Dies ist nicht ausschließlich ein Buch über Außerirdische und die fremdartige Art, in der sie sich verhalten, oder ihre spektakulären Fähigkeiten und Technologien. Wir werden einen sehr genauen Blick auf die Menschen werfen und auf die Hintergrundgeschichte, wie wir so wurden, wie wir sind. Im letzten Kapitel werden wir die enormen Auswirkungen genetischen Engineerings erforschen, wie es in vorgeschichtlicher Zeit praktiziert wurde. Wenn wir verstehen, was damals unternommen wurde und zu welchem Ergebnis es geführt hat, können wir eine Menge über uns selbst lernen.

Nicht nur, dass unsere Gene und körperliche Gestalt durch diese Intervention zutiefst beeinflusst worden sind … Selbst das Fundament menschlich-sozialen Verhaltens wurde uns vorgegeben. Es gibt eine Menge »Menschlichkeit«, die wir unseren außerirdischen Verwandten verdanken.

1

Das Erstkontakt-Kontinuum

»Irgendwann starben die Sternenmenschen,
doch nicht bevor sie den Menschen gesagt hatten,
dass sie eines Tages zurückkehren würden.«

Die Menschen haben schon immer zum Himmel hinaufgeschaut und sich gefragt, ob es irgendwo da oben zwischen all den Sternen irgendwelche Lebewesen gibt, die uns an Intelligenz, Gestalt und Menschlichkeit entsprechen.

Die meisten antiken Kulturen haben Geschichten von Göttern und Geistern hinterlassen, die in den tintenschwarzen Tiefen des nächtlichen Himmels oder in weit entfernten Welten existieren. Zu den frühesten spirituellen Traditionen, gewöhnlich unter dem Begriff *Schamanismus* zusammengefasst, gehört das Verständnis, dass Menschen diese Wesenheiten kontaktieren können, die in den Sternenwelten zu Hause sind. Es wird weitgehend akzeptiert, dass solche außersinnlichen Reisen zu nützlichen Informationen führen.

Wenn schamanische Kulturen Recht haben mit ihrer Behauptung, dass sie derartige Kontakte herbeigeführt haben, fand der erste Austausch zwischen »modernen« Menschen und außerirdischen Wesenheiten wahrscheinlich bereits vor vielen Tausenden von Jahren statt. Es ist sogar denkbar, dass der erste Austausch zwischen uns und Außerirdischen von einem Schamanen initiiert wurde, der sich in einen veränderten Bewusstseinszustand versetzt und daraufhin eine benachbarte Dimension besucht hatte.

Da ich selbst während meiner eigenen schamanischen Praktiken viele solcher Begegnungen mit nicht-menschlichen Wesenheiten hatte, habe ich weder einen Grund noch steht es mir zu, die Gültigkeit der Erfahrungen anderer, antiker Heiler und Mystiker in Frage zu stellen. Vielmehr ist es mir besonders wichtig, darauf hinzuweisen, dass nicht alle Außerirdischen physische Wesen sein müssen, manche könnten außerhalb der Begrenzungen unseres physischen Universums auch als körperlose Intelligenz existieren.

In unserer modernen Welt neigen die meisten Menschen zu der Vorstellung, dass der erste Kontakt zwischen unserer Spezies und hochentwickelten außerirdischen Kulturen auf pragmatischen und konkreten Grundlagen beruht. Am meisten verbreitet ist sicherlich die Vorstellung eines interstellaren Traumschiffs, das auf dem Rasen des Weißen Hauses landet, für ein Händeschütteln mit dem Präsidenten der Vereinigten Staaten, dem »mächtigsten Menschen der Welt«. Auch wenn die spezifischen Einzelheiten variieren mögen, gehen die meisten Menschen davon aus, dass ein solcher Erstkontakt im Wesentlichen doch dem entspricht, wie wir Personen auf unserem eigenen Planeten begrüßen.

Wir Menschen begeben uns normalerweise physisch dorthin, wo die Person ist, die wir treffen wollen, und dazu bedienen wir uns gewöhnlich irgendeiner Art von Beförderungsmittel. Bei unserer Ankunft stellen wir uns persönlich vor und haben folglich einen direkten körperlichen Austausch mit dem Betreffenden. Aufgrund dieser »realen« Erwartung nehmen wir an, dass Außerirdische sich genauso verhalten würden, was aber eine reine Projektion des menschlichen Denkens darstellt. Wir sollten aufhören, unsere scheinbar vernünftigen Erwartungen einer Intelligenz überzustülpen, die keine Erfahrung mit den Normen der menschlichen Kultur hat. Die meisten Wissenschaftler und Psychologen, die sich mit der Frage außerirdischer Kontakte beschäftigen, betrachten die oben beschriebene Version als die *unwahrscheinlichste Art* eines ersten Kontaktes.

Am zweitbeliebtesten neben der Idee eines direkten, offensichtlichen Besuchs ist die Erwartung, dass ein erster Kontakt über eine unserer hochentwickelten Abhorchstationen erfolgt. Vielleicht könnte es passieren, dass ein Radioteleskop Signale aus der Tiefe des Kosmos auffängt, die von einer anderen technologisch hoch entwickelten Spezies gesendet werden. Die empfangene Botschaft könnte ein bewusst an uns geschickter Willkommensgruß sein oder auch eine abgefangene Kommunikation, die eigentlich für andere Mitglieder der sendenden Spezies gedacht war.

Das Projekt SETI, die viele Jahre schon stattfindende Suche nach intelligenten Wesen im All durch sehr herkömmliche dreidimensionale Mittel, hat die Aufgabe, den Kosmos nach verirrten Signalen abzusuchen. Zeichen von Ordnung oder intentionaler Struktur werden als Grundlage für intelligente Botschaften betrachtet, und es gab diesbezüglich auch schon ein paar verlockende Erfolgsgeschichten, doch so lange eine Botschaft sich nicht wiederholt, ist es leider nicht möglich, sie als außerirdisches Signal zu klassifizieren. Bis zum heutigen Tag gibt es unter den empfangenen Signalen keinen überzeugenden Beweis für eine mit technischen Mittel hervorgerufene Übertragung, die sich wiederholt hätte.

Aber wählen wir einmal eine andere Herangehensweise: Haben Sie sich vielleicht schon gefragt, wie ein erster Kontakt mit außerirdischen Wesenheiten *riechen* würde?

Nun, das mag sich wie eine idiotische Frage anhören, aber es gibt jede Menge Spekulationen darüber, wie sich Besucher aus dem All präsentieren könnten, und ich finde, wir sollten besser in ganz neuen Bahnen denken. Die Frage ist nur, in welchen? Ein Vorschlag: Vermutlich haben Sie sich nie großartig Gedanken darüber gemacht, welche Rolle eigentlich der Geruch in einer solchen Situation spielen könnte. Das klingt vielleicht, als wäre dieser Gedanke ganz aus dem Zusammenhang gerissen, aber genau deshalb wird eine solche Frage überhaupt gestellt. Außerirdische würden sich wahrscheinlich auf eine Weise verhalten, die jenseits unserer Erwartungen liegt und sogar jenseits unseres Begriffsvermögens – tatsächlich würde ihr Verhalten total »fremdartig« sein.

Wenn wir den Fehler machen zu erwarten, dass sich ein Außerirdischer genau wie ein Mensch verhält und die gleichen Begrüßungsrituale benutzt wie wir, könnten wir Kontakt schnell mit etwas anderem verwechseln. Unsere naiven Erwartungen könnten dazu führen, dass wir eine Begrüßung total verpassen. Wir wissen, dass selbst unter den Tieren auf diesem Planeten viele Geruch- oder Farbdisplays benutzen, um Angehörige ihrer eigenen Spezies zu begrüßen. Bestimmte Tiere produzieren sogar Töne, die für das menschliche Ohr nicht wahrnehmbar sind, andere wiederum strahlen unsichtbare Pheromone aus, um Artgenossen zu begrüßen. Um auf die Kommunikation mit außerirdischen Wesen vorbereitet zu sein, müssen wir in völlig neuen Bahnen denken. Ich möchte Sie deshalb inständig bitten, Ihren Geist für ein unbegrenztes Spektrum potenzieller Kontaktszenarien offenzuhalten. Vielleicht ist *die eine* Konstante in jedem hypothetischen Modell für ein solches Ereignis die Erwartung eines hohen Grades an außerordentlicher Fremdartigkeit.

Glücklicherweise gibt es in der modernen Popkultur sinnvoll anmutende Beschreibungen außerirdischer Kontaktszenarien, darunter fünf Hollywoodfilme, die zu sehen ich Ihnen empfehlen würde. Wissenschaftler und berühmte Denker wurden zu Rate gezogen, ganz zu schweigen von dem hohen Maß an kreativem Genie seitens der Filmemacher.

Jede der Filmhandlungen, die ich hier speziell hervorheben möchte, fordert vom Publikum, die »Landung auf dem Rasen vor dem Weißen Haus« zu vergessen und stattdessen wesentlich wahrscheinlichere Möglichkeiten der Kontaktaufnahme in Betracht zu ziehen. Außerdem weist jede dieser Storys eine gewisse Überschneidung mit den außerirdischen Kontaktereignissen im wahren Leben auf, die später in diesem Buch beschrieben werden. Betrachten Sie den kleinen Umweg deshalb als Vorbereitung für die bevorstehende Reise. So bizarr die Storys in diesen Filmen auch sein mögen, möchte ich Sie doch daran erinnern, dass das Leben oft die »unmöglichsten« (und besten) Geschichten schreibt. Obendrein hege ich persönlich den Verdacht, dass einiges von dem Material, das in den folgenden Geschichten enthalten ist, von Menschen gesät wurde, die »Bescheid wissen«. Die Überlappungen sind einfach zu auffällig, um sie als absolut zufällig anzunehmen.

Der erste Film, den ich hier erwähnen möchte, ist Steven Spielbergs Klassiker *Unheimliche Begegnung der dritten Art* (1977). In dieser Produktion wird uns ein mehrstufiges Kontaktszenario mit einem weiten Spektrum fremdartiger Phänomene präsentiert. Es beginnt mit dem jähen Wiederauftauchen mehrerer Flugzeuge und Schiffe, die lange in der Gegend des berüchtigten Bermuda-Dreiecks verschwunden waren.

Die näheren Umstände, hinter denen sich eine verdeckte Operation der Regierung verbirgt, werden von einem Team von Wissenschaftlern und Ufologen erforscht.

Dieses Team wird zu einer Begegnung mit einer Gruppe spiritueller Adepten in Indien geführt. Die Mönche chanten eine Reihe ungewöhnlicher Töne, die nach ihrer Aussage vom Himmel zu ihnen herunter klangen. Die gleiche Tonfolge wird später von einem Forschungsteam in den USA ins All gesendet. Es folgt die Antwort einer unbekannten Intelligenz, durch die sie auch gleich eine Anzahl von Koordinaten für eine bestimmte Gegend in Wyoming weitergibt.

Mittlerweile findet in Mucie, Indiana, eine Visitation statt, zu der fremdartige Fluggeräte gehören, die blinkende farbige Lichter ausstrahlen. Diese unbekannten Flugobjekte rufen großes Chaos hervor, unter anderem durch die Unterbrechung des Stromnetzes. Während der Arbeit an dem daraus resultierenden Problem hat ein örtlicher Elektriker namens Roy Neary direkten Kontakt mit einem der Flugobjekte. Das löst bei ihm einen extremen Stresszustand aus, und es scheint, als sei eine fremde Denkform in Roys Geist verankert worden. Roy baut das Modell eines Berges, den er vor seinem inneren Auge sieht und der auf unheimliche Weise dem Bild des Devil's Mountain in Wyoming entspricht, den er im Fernsehen gesehen hat.

Anschließend fühlt sich Roy gezwungen, die Off-Limits-Landestelle auf dem Devil's Mountain mit eigenen Augen zu sehen, und auf der Fahrt dorthin entdeckt er, dass auch viele andere Personen, die von Außerirdischen kontaktiert worden sind, die Botschaft erhalten haben. Sie alle versuchen, sich zu dieser verbotenen Stelle durchzuschlagen. Der Film erreicht seinen Höhepunkt mit der Ankunft des außerirdischen Mutterschiffs und einer Serie von Ton- und Lichtkommunikationen zwischen den Menschen auf dem Berg und dem Fluggerät. Das Objekt landet, die Tür öffnet sich, und mehrere zuvor entführte Menschen steigen aus. Ron erhält die Erlaubnis, mit den außerirdischen Besuchern abzureisen, um mehr über sie zu erfahren.

Obgleich als Film vielleicht ein wenig veraltet, vermittelt *Unheimliche Begegnung der dritten Art* doch ein gutes Gefühl für die Art von Phänomen, die wir bei einer Begrüßung durch Wesenheiten aus dem All möglicherweise erwarten können. Sie zeigen uns ihre Macht, eine unmissverständliche Demonstration ihrer überlegenen Technologien, zusammen mit einer Methode, auf sie zu reagieren. Wichtig ist, dass die Wesen kein Interesse daran zeigen, irgendeine Führungspersönlichkeit zu treffen. Während die Außerirdischen mit den örtlichen Machtstrukturen kommunizieren (hauptsächlich Wissenschaftler, die im Auftrag der Regierung forschen), senden sie außerdem psychische Einladungen an ein breites Spektrum der Öffentlichkeit. In einer abschließenden offenkundigen Demonstration ihrer wohlmeinenden Intentionen lassen die Außerirdischen alle Personen, die sie je zu Forschungszwecken entführt haben, wieder gehen. Und schließlich gibt es das Angebot eines persönlichen freiwilligen Austausches, um die zukünftige Arbeitsbeziehung zwischen verschiedenen Spezies zu formalisieren. Alle in diesem Film gezeigten Phänomene, wenn auch randvoll mit extremer Fremdartigkeit, beginnen einen Sinn zu ergeben, wenn sie zusammen im Kontext hochentwickelter Außerirdischer gesehen werden, die ihren ersten Kontakt herstellen.

Dabei fällt mir ein anderer Film ein, *Contact* (1997), basierend auf dem Buch gleichen Titels, geschrieben von dem berühmten Astrophysiker Carl Sagan. Die Story handelt von Dr. Ellie Arroway, einer Wissenschaftlerin, die mit SETI zusammenarbeitet und ein sich wiederholendes Signal entdeckt. Die Quelle der Ausstrahlung dieses Signals liegt in Richtung der Vega, einem Stern in der Konstellation Lyra.

Die abgefangene Botschaft enthält ein geheimes Schaubild für eine riesige Maschine. Das Gerät wird schließlich von den verbündeten Regierungen der Welt, die in Harmonie miteinander arbeiten, gebaut. Und es erweist sich: Der Mechanismus scheint konstruiert zu sein, um einem Insassen zu ermöglichen, in die Maschine hineinzugehen und vermutlich jene zu kontaktieren, die die Botschaften senden.

In einer unerwarteten Wende des Schicksals führt ein religiöser Fanatiker einen Bombenangriff durch, der die Installation zerstört und den potenziellen Passagier tötet.

Zum Glück ist die Zerstörung der geheimnisvollen Maschine nicht das Ende der Geschichte, da ein zurückgezogen lebender Milliardär aus eigener Tasche bereits einen funktionierenden Nachbau der Maschine finanziert hat. Dank dieses geheimen Projektes hat Ellie letztlich doch die Möglichkeit, das Gerät zu bedienen – das sie, wie sich herausstellt, durch Zeit und Raum transportieren kann.

Nachdem sie eine Reihe von Wurmlöchern durchquert hat, findet eine Begegnung zwischen Ellie und einem nichtphysischen außerirdischen Wesen statt, das sich in Form ihres verstorbenen Vaters präsentiert. Der Höhepunkt des Films spielt an einem Strand, der Ellie – auf der Grundlage von Erinnerungen, die ihrem eigenen Geist entnommen wurden – projiziert wird. Das außerirdische Wesen bietet wenig mehr als die Bestätigung, dass es viele hochentwickelte Rassen im Universum gibt, versehen mit der Erklärung, dass sie, wann immer es angemessen erscheint, fortschrittliche Gattungen kontaktieren. Ellie wird deutlich gemacht, dass die Menschheit nicht als erleuchtet genug betrachtet wird, um sofortigen Zutritt zu diesem sich über Galaxien erstreckenden Netzwerk zu gewinnen. Das Wesen erklärt, dass die Erde so lange observiert wird, bis ein weiterer Schritt in Richtung Freundschaft getan werden kann.

In diesem Film können wir mehrere essenzielle Themen erkennen, allem voran eine verständliche Vorsicht seitens der außerirdischen Wesenheiten, die langsames Vorgehen für angebrachter halten. Die Außerirdischen beginnen mit der Überwachung unseres Planeten, während sie sich Zeit nehmen, um über einen umfassenden Kontakt zwischen ihrer und unserer Spezies nachzudenken. Die Transportmethode, deren sie sich bedienen, beruht auf Wurmlöchern. Wurmlöcher sind eine theoretische Methode der Fortbewegung und können potenziell sogar ein Objekt in allen Richtungen durch die Zeit transportieren. Zudem werden wir mit der Idee geheimer Projekte vertraut gemacht, welche mit hochentwickelten Technologien zu tun haben, die von dubiosen Milliardären finanziert werden. Viele Menschen vermuten, dass diese geheimen wissenschaftlichen Projekte schon seit Längerem weltweit im Gange sind.

Auch zwei Filme aus jüngerer Zeit sind in diesem Zusammenhang wichtig zu erwähnen: *Interstellar* (2014) und *Arrival* (2016). Beide Filme haben mit der Manipulation von Zeit mittels hochentwickelter Technologien zu tun. In beiden Fällen geben die Wesenheiten der Menschheit ein Rätsel auf, bei dessen Lösung es darum geht, das Beste in sich selbst zu finden. Nicht nur werden uns ein paar völlig neue Ideen präsentiert, sondern die Plots reflektieren darüber hinaus Fortschritte im modernen Wissenschaftsverständnis.

In *Interstellar* werden die beteiligten Wesen schließlich als Nachkommen des modernen Menschen erkannt, die in der fünften Dimension existieren. Diese entfernten Verwandten sind in der Zeit zurückgegangen, um ihren Vorfahren zu helfen (und haben dabei diverse zeitliche Paradoxa erschaffen).

Auch die außerirdischen Wesen in dem Film *Arrival* befassen sich intensiv mit der Manipulation von Zeit. Diese Oktopus-ähnlichen Wesenheiten haben eine zukünftige Zeitschiene gesehen, in der Menschen etwas unternehmen werden, um ihre Spezies zu retten. Zunächst bringen die Wesenheiten mehrere ihrer Fluggeräte um die Erde herum in Stellung und warten dann ab, um zu sehen, ob die Menschheit ein ihnen aufgetragenes Puzzle lösen kann. Die einzige Möglichkeit für uns Menschen, den Kontakt fortzuführen, besteht darin, dass sich alle Länder und Nationen im Sinne einer kollektiven Bemühung zusammentun. Dieser Prozess der Weitergabe von benötigten Hinweisen sorgt für eine globale Kommunikation anstatt einen Dialog mit irgendeiner einzelnen Macht oder Person.

Sowohl *Arrival* als auch *Interstellar* deuten an, dass wirklich fortschrittliche Zivilisationen eine gewisse Kontrolle über die Zeit als solches haben. Zudem weisen diese Filme darauf hin, dass Kontakt mit einer unglaublich hochentwickelten technologischen Kultur sich wahrscheinlich in erster Linie um deren eigene Interessen dreht.

Wir sollten die Motivationen jeglicher Spezies, die uns aus den Tiefen des Alls ihre Hände reicht, mit Vorsicht betrachten. Es ist sehr gut möglich, dass die Motivationen für kosmischen Kontakt wohlmeinend sind, doch sie könnten auch mit eher negativen Intentionen einhergehen. Wobei es zugegebenermaßen schwer bis unmöglich für uns sein kann, irgendwelchen bösartigen Plänen einer hochentwickelten galaktischen Zivilisation etwas entgegenzusetzen.

Viele der Konzepte und spezifischen Details, die in diesen vier Hollywood-Filmen präsentiert werden, spielen auch in dem Kontaktereignis aus dem wahren Leben eine Rolle, das in diesem Buch beschrieben wird. Die angetroffenen Wesen haben zweifellos einen bestimmten Grad an Selbstinteresse. Sie kontrollieren Technologien, die ihnen erlauben, sich durch Zeit und Raum zu bewegen. Es ist meine Überzeugung, dass einige der fremdartigen Objekte an unserem Himmel Technologien sind, die von dieser kosmischen Intelligenz gesteuert werden. Nicht-identifizierte Flugobjekte können eine visuelle Demonstration der Macht sein, die von außerweltlichen oder interdimensionalen Kräften ausgeübt wird.

Es ist außerdem durchaus denkbar, dass diese nicht-menschlichen Wesen in Kontakt sind mit Regierungsstellen, ohne dass wir es wissen. Ich bin absolut davon überzeugt, dass dies der Fall ist, aber ganz zweifellos nehmen sie auch durch außersinnliche Mechanismen Kontakt mit völlig normalen Menschen aus dem Volk auf. Deshalb gehe ich fest davon aus, dass eine direkte und offensichtliche Beziehung zustande kommen wird, sobald wir als globale Spezies ihre Einladung zur Kommunikation erkennen und annehmen.

Ich kann dieses Kapitel nicht abschließen, ohne einen letzten Film zu erwähnen, *2001: Odyssee im Weltraum* (1968). Das Erste, was über diesen Film gesagt werden sollte, ist, dass die Drehbuchautoren, Stanley Kubrick und Arthur C. Clarke, beide bekannt dafür waren, ein paar ungeheuer gut informierte Freunde um sich zu haben. Es fällt nicht schwer sich vorzustellen, dass sie von irgendwelchen geheimen Projekten gehört haben dürften, die mit außerirdischen Wesen zu tun hatten. Sicher ist, dass der Film voll von esoterischer, okkulter Symbolik ist. Das Drehbuch enthält eine Erzählung mit bemerkenswerten Überschneidungen zwischen fiktiven und nicht-fiktiven Ereignissen, auf die ich mich bei meinen Nachforschungen konzentriere. Dass diese beiden Männer etwas über das Thema wussten, dem sie sich verschrieben hatten, dessen bin ich mir ganz sicher.

Der Film *2001: Odyssee im Weltraum* enthüllt, dass eine hochentwickelte außerirdische Intelligenz in vorgeschichtlicher Zeit ein technologisches Gerät auf die Erde schickte. Diese fremdartige Maschine hat die Form eines riesigen schwarzen Obsidian-ähnlichen Monolithen. In den ersten Szenen des Films sehen wir vorzeitliche Hominiden, die an Gorillas erinnern, während einer kosmischen Konvergenz. Die Nähe zu dem Monolithen ruft ein rudimentäres menschliches Bewusstsein hervor, wie wir in den folgenden Szenen des Films entdecken werden.

Die Gruppe der Hominiden, beeinflusst von der fremden Technologie, beginnt, Tierknochen als Schlagwerkzeuge zu benutzen. Das Schwingen der ersten Keulen verdeutlich die Initiation eines Weges hin zu menschlicher technologischer Überlegenheit. Eine der Knochenkeulen wird in die Luft geworfen, und während wir sehen, wie sie immer höher steigt, ändert sich die Szene, und die Keule wird durch eine fortschrittliche Waffenplattform auf einem Raumschiff ersetzt.

Später dann sehen wir einen zweiten Monolithen, der auf dem Mond versteckt ist. Astronauten, die diesen neuen Monolithen berühren, lösen ein Signal aus, das von der seltsamen Struktur zum Jupiter ausstrahlt. Offensichtlich hat der Monolith seine mysteriösen Schöpfer darüber informiert, dass die Menschheit zu den Sternen aufgebrochen ist – zumindest werden wir mit dieser Annahme zurückgelassen.

Nachdem ich probeweise einige hypothetische außerirdische Kontakt-Szenarios erforscht habe, möchte ich jetzt gerne sozusagen »meine Karten auf den Tisch legen«. Ich bin der fundierten Meinung, dass es stichhaltige Beweise gibt für den ersten Kontakt zwischen Menschen und außerirdischen Wesen, der vor Hunderttausenden von Jahren stattgefunden hat. Nicht nur hat die Kommunikation mit der Menschheit damals bereits begonnen, sie findet seitdem ständig statt. Ein Großteil der Interaktion zwischen Außerirdischen und Menschen geschieht in der nicht-physischen Realität, in der die menschlichen Teilnehmer sich in veränderten Bewusstseinszuständen befinden. Einige dieser Kontakte finden sogar im Traumzustand statt.

Außerirdischer Kontakt ist kein isoliertes Ereignis, sondern ein Kontinuum, und wir sind in diesem Prozess schon weit vorangekommen. Tatsächlich stehen wir kurz davor, einen entscheidenden, hochentwickelten Abschnitt auf diesem Weg zu erreichen. Der nächste weiterführende Schritt hat unter anderem mit umfassender menschlicher Akzeptanz der Existenz von interstellaren Zivilisationen zu tun, beruhend auf objektiven Beweisen. Wenn dies eintritt, gefolgt von dem Ruf der Allgemeinheit nach offenen Begegnungen mit dieser kosmischen Intelligenz, wird das wohlmeinenden außerirdischen Kulturen grünes Licht geben, sich uns zu offenbaren. Es kann gut sein, dass wir uns heute am Anfang des wahren Raumzeitalters befinden, in dem die Menschheit endlich offene, sichtbare Beziehungen mit außerirdischer und interdimensionaler Intelligenz beginnt.

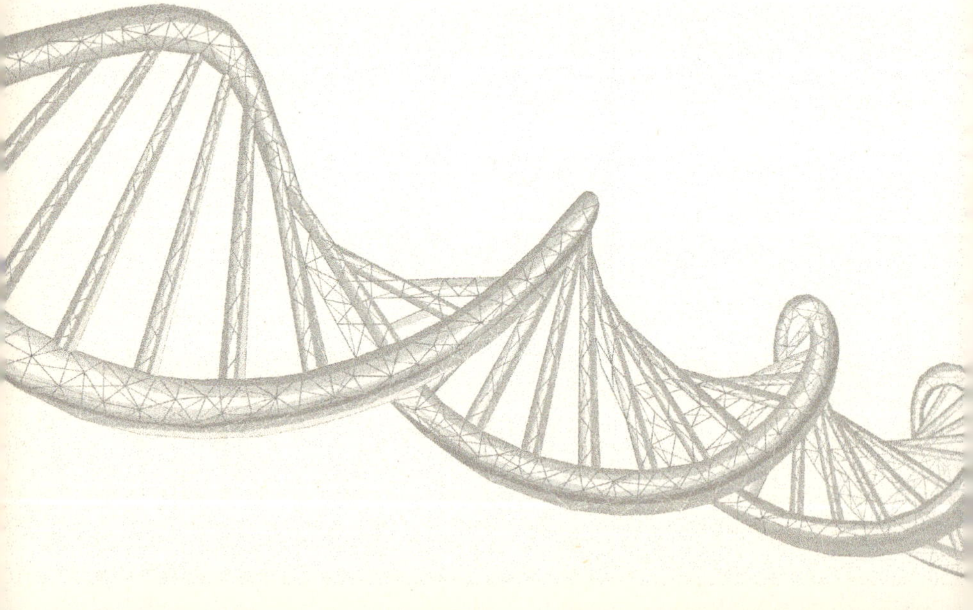

2

Ein außerirdisches Artefakt

»Eines der ersten Dinge, die er kommunizierte, war das Wissen um den Alcheringa-Stein, der von einer außerirdischen Kultur, bekannt als die ›Sternenmenschen‹, auf die Erde gebracht worden war.«

Von den ersten Monaten des Jahres 2012 an bis 2013, während ich in Ecuador lebte, hatte ich eine Reihe von bewusstseinsverändernden und enorm anstrengenden außerirdischen Kontakterlebnissen. Diese Ereignisse hatten nichts damit zu tun, dass Außerirdische mit ihren Fliegenden Untertassen in meinem Garten landeten oder mich aus dem Schlafzimmerfenster saugten. Was nicht bedeutet, dass diese Ereignisse irgendwie weniger konkret waren, und sie waren ohne Zweifel genauso bizarr. Die Dinge, die ich durchmachte, haben mich als Mensch für immer verändert, was sich sowohl einschneidend auf meine Wahrnehmung von Realität als auch auf meine persönliche Gesundheit ausgewirkt hat. Ich werde nur die einfachsten Details dieser eigenartigen Ereignisse mit Ihnen teilen, ausschließlich Angelegenheiten, die mit der hier vorliegenden Studie zu tun haben. Es gäbe noch viel mehr aus meinen persönlichen Erfahrungen zu berichten, doch das würde den Umfang dieses Buches zweifellos verdoppeln.

Auf der Allerersten dieser irritierenden Reisen fand ich mich in einem runden, kuppelförmigen Raum wieder – im Nachhinein habe ich mich gefragt, ob es ein Raumschiff gewesen sein könnte. Ich kann nicht mit Sicherheit sagen, wo ich während dieses Erlebnisses war. Außer mir waren noch einige humanoide, sehr menschenähnliche Wesen anwesend. Sie waren sehr hochgewachsen und ganz offensichtlich nicht von dieser Welt. Die meisten von ihnen waren in eine Diskussion über die Erde und verschiedene Ereignisse vertieft, die sich derzeit entfalten oder in naher Zukunft erwartet werden. Um ehrlich zu sein, an diesem Punkt nahm ich an, dass ich wahrscheinlich tot war. Denn sehen Sie, bevor ich diese fremdartige Begegnung hatte, war ich in völliger Agonie auf meinem Bett zusammengebrochen und verlor schließlich das Bewusstsein, bevor ich das Gefühl hatte, in kleine Stücke zerbrochen zu sein, die durch meine Schlafzimmerwand nach draußen gezogen wurden. Der schockierende Übergang vom physischen Leben in diesen bizarren und genauso realen Bereich einer anderen Dimension war unglaublich schmerzhaft. Es war eine Art und Intensität von Schmerz, die ich nie vergessen werde.

Während meine Persönlichkeit, dieser nicht greifbare Teil meiner selbst, aus der normalen Realität herausgezogen wurde, blieb mein physischer Körper im Bett, wie mein Partner Bruce mir später bestätigte. So war es auch bei all den Dutzenden ähnlicher Reisen, die in den folgenden Monaten noch stattfinden sollten. Das zweite Mal, als diese Wesen mein Bewusstsein aus meiner alltäglichen Existenz herauszogen, fand ich mich in einem neuen Körper wieder. Die Person, die ich ›geworden‹ war, war eine extrem hochgewachsene und kraftvolle junge Frau, die sehr indianisch aussehende Kleider trug.

Ich brauchte nicht lange, um festzustellen, dass die Frau, in deren Körper ich mich befand, eine Aristokratin der Maya-Elite in Palenque, Mexiko, war. Zu einem späteren Zeitpunkt im Laufe dieser Erlebnisse wurde mir klar, dass die Ereignisse im siebten Jahrhundert n. Chr. stattfanden. Diese Aristokratin war kein typisches menschliches Wesen, offensichtlich hatte sie eine zusätzliche Dosis außerirdischer DNA. Tatsächlich schienen die höchsten Würdenträger in Palenque der gleichen hybriden Rasse anzugehören wie mein persönlicher ›Avatar‹. Diese ›Menschen‹ waren in der Regel ungefähr zwei Meter groß, im wesentlichen Giganten, verglichen mit den normalen Maya-Bürgern. Ein Großteil der dienstlichen Angelegenheiten der Stadt wurde bei Treffen in einem unterirdischen Tunnelnetz durchgeführt. Der Maya-Untergrund war angefüllt mit Kalendern, Artefakten, Tafeln – unglaubliche Wunder.

Ich verbrachte etwas mehr als ein Jahr damit, zwei deutlich unterschiedliche Leben zu führen, eines getrennt vom anderen durch mehrere Jahrhunderte, jedoch verbunden durch eine Aneinanderreihung äußerster Fremdartigkeiten. Als Zeit meines Lebens übersinnliches Medium habe ich jahrzehntelang übernatürliche Phänomene erlebt. Meine außergewöhnlichen Erlebnisse reichen vom Sehen von Geistern bis zum Channeln Aufgestiegener Meister. Diese schamanischen Reisen, oder wie immer man sie nennen möchte, sind das Bizarrste alle Phänomene, die sich in meinem Leben bisher abgespielt haben.

Unter den Maya-ähnlichen Mischlingswesen zu leben war nicht das einzige, womit ich in Palenque fertig werden musste. In einem separaten Abschnitt des Untergrund-Netzwerks gab es experimentelle Labors, betrieben von ganz anderen Wesen. Die Bewohner dieser Räume waren sehr einschüchternde, große, grauhäutige Humanoide. Später bezog ich mich auf diese Charaktere als ›tall greys‹ (›Große Graue‹). Zusammen mit diesen übergroßen Wesen arbeiteten andere, die scheinbar eine kleinere Version ihrer selbst waren.

Bei mehreren Gelegenheiten bemerkte ich noch eine weitere Art von Humanoiden in diesem Bereich des Tunnelsystems, die recht menschenähnlich aussahen, aber eine schuppenartige Haut besaßen, die mich an Eidechsen erinnerte. Ich nahm an, dass es sich um Mischlinge aus Menschen und einer anderen außerirdischen Spezies handelte. Die Führungselite der Maya wurde mit Wesenheiten assoziiert, die mit dem Sternenhaufen der Plejaden in Verbindung standen. Es war nicht ganz klar, mit welchem kosmischen Ort diese anderen Wesen zuammenhingen.

Viele meiner außergewöhnlichen Erlebnisse sind in dem Buch *Rising – The Last Tzolkin: Warnings From the Maya & The Pleiadians* (2012) enthalten, das ich zusammen mit meinem Mann Bruce geschrieben habe. Ein Leser dieses Buches erkannte die Verbindung zwischen einigen unserer veröffentlichten Berichte und der Arbeit eines australischen Forschungsteams, Steven und Evan Strong. Wir nahmen Kontakt mit diesem Team auf, und nach mehreren Gesprächen beschlossen wir, gemeinsam ein Buch zu schreiben, *Ancient Aliens in Australia: Pleiadian Origins of Humanity* (2013).

Ohne diese Reihe höchst ungewöhnlicher Ereignisse hätten wir nie die Forschungen unternommen, die zu meinem vorliegenden Buch geführt haben. Heute begreife ich, dass meine schamanischen Reisen nach Palenque eine weitere Facette dieses außerirdischen Kontakt-Kontinuums waren. Egal, wie eigenartig die individuellen Erlebnisse auch waren, sobald wir einen Schritt zurücktreten und die Dinge in ihrer Gesamtheit sehen, tritt ein umfassenderes Bild zutage.

Während der zweiten Hälfte der Arbeit an dem besagten Buch erwähnte einer meiner Mitautoren ein Werk mit dem Titel *Alcheringa: When the first ancestors were created* (2002/2020). Beide sagten, dass es die Überschneidung meiner persönlichen Erlebnisse mit dem Inhalt jenes Buches war, das sie überzeugt hatte, mit uns zu kollaborieren. Bruce kaufte eine Kopie des *Alcheringa*-Buches von der Autorin, Valerie J. Barrow, und las es mir komplett Seite für Seite vor, damit wir beide wussten, worum es darin ging.

Fairerweise muss man sagen, dass der Titel den Inhalt schon ziemlich genau beschreibt: Es geht um die Erschaffung unserer frühesten Vorfahren. Im Kern wird behauptet, dass Außerirdische an den Ursprüngen des modernen Menschen beteiligt waren. Die Autorin ist ein australisches Medium. Bruce und ich waren beide erstaunt darüber, dass dieses Buch mit den gleichen Typen von Wesenheiten zu tun hatte, die bei meinen außerweltlichen Erlebnissen eine Rolle gespielt hatten. Es schien fast so, als hätte Valerie eine Menge Informationen aufgedeckt, die mit einem Alien-Hybridisierungsprogramm auf diesem Planeten zu tun haben. Trotz des fast vollständigen Mangels an objektiven Beweisen, um die in ihrem Buch beschriebenen Ereignisse zu untermauern, hatten wir den Eindruck, dass es viele Ereignisse aus der fernen Vergangenheit detailliert und wahrheitsgetreu beschreibt.

Bruce gesteht, dass er eine besonders starke emotionale Reaktion auf Valeries Schilderungen hatte, insbesondere als es um die in allen Einzelheiten geschilderte Zerstörung eines außerirdischen Raumschiffs ging. Dieses gewaltige Fluggerät hatte sich in einer Umlaufbahn um die Erde befunden, mit Tausenden friedlicher Reisender an Bord.

Bruce erklärte mir, dass das eine machtvolle Erinnerung an ein früheres Leben in ihm wachrief. Diese Erinnerung hatte er 2002 während einer schamanischen Reise gehabt (zufällig das gleiche Jahr, in dem das *Alcheringa*-Buch erstmals erschien.) Im Laufe dieses äußerst eindrucksvollen Erlebnisses fand sich Bruce in der Gestalt eines hochgewachsenen außerirdischen Humanoiden in einer blauen Uniform wieder, der ein kleines Raumschiff Richtung Erde steuerte. Und gleich hinter ihm befanden sich mehrere feindliche Raumschiffe, die ihn eindeutig verfolgten.

Noch während Bruce sich in diesem visionären Zustand befand, wurde ihm plötzlich unter großem Schmerz bewusst, dass eine furchtbare Katastrophe seine Kameraden das Leben gekostet hatte. Diese Wesen waren in Frieden gekommen, um der Erde zu helfen. Fast alle waren in den Flammen gestorben, ihr Raumschiff zerstört in der tiefsten Schwärze des Kosmos.

Bruces Erlebnis während seiner schamanischen Reise passte nahtlos zu der Geschichte, die in Valeries Buch erzählt wird. Und es stellte sich heraus, dass er nicht der einzige Mensch war, der sich daran erinnerte, nach einer plötzlichen Katastrophe ein Raumschiff in Richtung Erde gesteuert zu haben. Diese synchronistische Erinnerung an ein früheres Leben empfand ich als eine weitere Aufforderung für mich, die im *Alcheringa*-Buch wiedergegebenen Schilderungen ernsthaft in Betracht zu ziehen.

Mittlerweile haben wir Valerie J. Barrow und ihren Mann kennengelernt. Sie luden uns freundlicherweise im Herbst 2018 zu einem Mittagessen zu sich nach Hause ein. Seit dieser Begegnung weiß ich, dass Valerie eine sehr schöne Frau und ein verwandter Geist ist. Es fühlte sich äußerst angenehm an, mit ihr über unsere übernatürlichen Erlebnisse zu den jeweiligen Lebenszeiten zu reden. Ohne Zweifel haben wir eine Menge gemeinsam!

Nach unserem Besuch bei Valerie begannen Bruce und ich uns zu fragen, ob es nicht möglich wäre, irgendwelche handfesten Beweise zu finden, die Valeries *Alcheringa*-Buch bestätigen könnten. Uns kam der Gedanke, dass es zu dem Zeitpunkt, als das Buch ursprünglich veröffentlicht wurde, 2002, eventuell noch keine unterstützenden materiellen Beweise gegeben hat, was sich mittlerweile jedoch geändert haben könnte. Es wäre doch denkbar, dass Fortschritte in den biologischen Wissenschaften und der Archäologie endlich ein paar unmittelbare Beweise bereithielten?

Bevor wir Ihnen unsere Bestätigung der Ereignisse anbieten, die Valerie beschreibt, sollten wir aber zunächst etwas von ihrem Material vorstellen. Wenn es auch nicht essenziell ist, *Alcheringa: When the first ancestors were created* gelesen zu haben, ist es mit Sicherheit hilfreich, ein Exemplar zur Hand zu haben. Ich werde Ihnen an dieser Stelle jedenfalls einen grundsätzlichen Überblick geben und die spektakulärsten Behauptungen selbst näher beleuchten. Mein Fokus liegt auf jenen Elementen, die ich als wesentliche Voraussetzung für eine Verifizierung der darin geschilderten Ereignisse identifiziert habe.

Die ersten Ereignisse in Valeries Buch begaben sich Mitte der 1990er Jahre und hingen mit der Ankunft eines uralten Artefakts zusammen, das man ihr zur Aufbewahrung brachte. Zu dem Zeitpunkt lebte Valerie in einem Haus, dem sie den Namen »Alcheringa« gegeben hatte, ein altes Aborigine-Wort aus der Gegend der Central und Northern Territories. Es bezieht sich auf den Zeitraum, als die ersten Vorfahren der Menschheit von machtvollen kosmischen Geistwesen erschaffen wurden, heute weithin unter dem Begriff Traumzeit bekannt. Das Wort Alcheringa steht in enger Beziehung zu dem Begriff *Tjuringa*,[1] der einen heiligen Gegenstand bezeichnet, der geheime Botschaften enthält.

Tjuringas können verschiedene Formen haben, doch in der Regel handelt es sich dabei um tragbare Artefakte aus Holz oder Stein. Typischerweise sind diese Objekte mit heiligen Symbolen und Zeichen verziert. Den Aborigines nach enthält ein Tjuringa privilegierte Informationen, die nur für Stammesälteste und spirituelle Adepten gedacht sind. Die Aborigine-Stämme, die Tjuringas besitzen, gehen davon aus, dass einige dieser Gegenstände unvorstellbar alt sind. Die ältesten enthalten ihrer Überzeugung nach die Lebenskraft von Ahnengeistern aus der Alcheringa-Periode. Diese Alcheringa-Spirits können angeblich menschliche Inkarnationen annehmen, während ein Teil ihrer Seele in der Matrix ihrer Steinbehälter verwurzelt bleibt.

Wenn man heute auch annimmt, dass viele Tjuringa-Steine Nachbildungen der ursprünglichen und mittlerweile verlorenen (schon damals hochheiligen) Steine sind, scheint es doch, dass der Stein, der seinen Weg zu Valerie fand, keine neuzeitliche Kopie war. Durch eine Abfolge vermeintlich zufälliger Ereignisse, die mit dem Namen zusammenhingen, den Valerie ihrem Haus gegeben hatte, erfuhr eine Frau namens Helen Boyd von Valerie. Eines Tages kam diese Frau, um Valerie einen Besuch abzustatten. Sie deutete an, dass Valerie dank des Namens, den sie ihrem Haus gab, die richtige Person sein könnte, um vorübergehend auf dieses geweihte Objekt aufzupassen. Man hoffte, dass Valerie als Hüterin fungieren würde, während die nötigen Details arrangiert wurden, um dieses Artefakt den angemessenen Aborigine-Wächtern zukommen zu lassen.

Helen ging es sehr schlecht, und Valerie hatte Mitleid mit ihrer Situation und war einverstanden, das Artefakt aufzubewahren, bis es wieder abgeholt wurde. Zu dem Zeitpunkt hatte sie noch nicht die geringste Ahnung, dass es sich dabei um etwas anderes handelte als einen alten runden Stein, fest eingewickelt in Teebaumblätter. Valerie legte das Artefakt respektvoll in eine kleine Schachtel und deponierte es zur Verwahrung an einem sicheren Ort.

Es ist wichtig zu erwähnen, dass Valerie nie einen direkten Blick auf dieses Artefakt warf. Es blieb stets eingewickelt, so wie sie es entgegengenommen hatte. Das war das korrekte kultursensible Vorgehen, da diese heiligen Steine für zeremonielle Zwecke der Aborigines gedacht sind. Sogar unter den Aborigines durften nur eingeweihte ›clever-fellas‹, eine Kategorie von Weisheitsbewahrern und schamanischen Heilern, mit Tjuringa-Steinen umgehen.

Kurz nachdem der Stein angekommen war, wurde Valerie eines Nachts von einer körperlosen Stimme aus dem Schlaf geweckt, die wissen wollte, ob sie bereit sei, ein Buch zu schreiben. Die Konversation zwischen Valerie und der körperlosen Stimme dauerte eine Weile, und es wurde ihr mitgeteilt, dass sie sich mit einem ›Stern-Menschen‹ (Außerirdischen) austauschte, der mit dem Artefakt verbunden war. Die Wesenheit bezeichnete sich selbst als Alcheringa und behauptete, dass das Objekt in der Schachtel mit wertvollen Informationen angefüllt sei und vor fast 900.000 Jahren auf die Erde gebracht wurde.

Das Alcheringa-Wesen machte sich zu Beginn durch eine Form telepathischer Kommunikation bekannt, die man als übersinnliche Kontaktaufnahme oder spirituelles Channeling bezeichnen könnte. Als Medium bin ich mit dieser Art von Kommunikationsprozess gut vertraut und weiß aus Erfahrung, dass manchmal etwas, das Sprache zu sein scheint, nur von dem Medium gehört wird. Es ist auch möglich, dass Empfindungen, lebendige Bilder oder spontanes Wissen hochkommen. Sobald dieser machtvolle Prozess der Kommunikation begonnen worden war, empfing Valerie nach und nach eine enorme Menge von Informationen über einen unvorstellbar lange zurückliegenden Besuch Außerirdischer auf unserem Planeten.

Alcheringa erklärte Valerie, dass sie in Bälde Menschen begegnen würde, die mit der außerirdischen Mission verbunden sind. Diese anderen Personen würden helfen, die Rolle zu enthüllen, die dieses Ereignis in Bezug auf die Ursprünge der Menschheit gespielt hat. Diese Prophezeiung bewahrheitete sich genauso, wie die Wesenheit es vorausgesagt hat, wobei im Laufe der Zeit mehr als dreißig Personen relevante Erinnerungen an frühere Leben zu dem Buch *Alcheringa* beitrugen. Kurz nachdem diese Kommunikation mit Valerie begonnen hatte, kam es zu immer mehr äußerst seltsamen Ereignissen.

Eine Freundin von Valerie, Rachel, fuhr mit einem angesehenen Aborigine-Heiler namens Gerry in der Nähe ihres Hauses vorbei. Sie erwähnte ihre Freundin und dass diese ein Haus nicht weit von hier mit dem Namen Alcheringa hat. Als er diesen Aborigine-Begriff hörte, schlug Gerry vor, der Freundin einen Besuch abzustatten. Valerie war überrascht, Gerry kennenzulernen, da sie bisher kaum Kontakt mit den Ureinwohnern Australiens hatte. Dass dieser Besuch mit dem Empfang eines heiligen Artefakts der Aborigines zusammentraf, schien ihr alles andere als ein Zufall zu sein.

Während des Gesprächs hatte Valerie plötzlich das deutliche Gefühl, dass Gerry bereits wusste, dass der Stein bei ihr war, und sagte es ihm, worauf er sofort ungeduldig reagierte und meinte, dass dies ›Männersache‹ sei. Es stimmt tatsächlich, dass in der Kultur der Aborigines Chirunga-Steine nur von eingeweihten Männern direkt gehandhabt werden. Als Valerie erklärte, wie der Stein zu ihr gekommen und dass er eingewickelt war und sicher in einer Schachtel verstaut, schien Gerry das zufriedenzustellen. Valeries Angebot, Gerry den Stein zu zeigen, wurde sofort abgelehnt. Er sah ein wenig erschrocken aus angesichts des Gedankens, das Objekt in die Hand zu nehmen, selbst wenn es eingewickelt ist.

Nach einem kurzen Gespräch über den Alcheringa-Stein erwähnte Gerry, dass einer seiner Freunde ebenfalls einen Austausch mit einem unsichtbaren Wesen hatte, das sich selbst als Alcheringa bezeichnete. Dann schlug er vor, dass sie alle zusammen eine heilige Stätte mit eingravierten Hieroglyphen in der Nähe von Gosford, New South Wales, besuchen sollten. Gerry bat Valerie, das Artefakt mitzunehmen, da an diesem besonderen Ort die Stimme des Steins vielleicht zu ihnen sprechen würde. Valerie war einverstanden und erinnerte sich im nächsten Moment an die Worte Alcheringas, der ihr gesagt hatte, dass er eines Tages durch sie zu einem Vertreter der Aborigines sprechen würde.

Heute sind die in einen Stein gravierten Hieroglyphen in der Nähe von Gosford weithin bekannt, doch als Valerie vor über zwanzig Jahren diese Stätte besuchte, war das noch nicht so. Der schroffe Felsen mit den Symbolen war schon immer ein geweihter Ort für die Aborigines, ungeachtet der genauen Herkunft der Hieroglyphen. Heutzutage betrachten viele Menschen die Hieroglyphen, von denen die meisten ägyptischen Ursprungs zu sein scheinen, als einen ausgemachten Schwindel, als nichts denn moderne ›Ergänzungen‹ einer heiligen Stätte der Ureinwohner Australiens. Es gibt Zeugenberichte, die darauf schließen lassen, dass einige der Symbole erst kürzlich hinzugefügt worden sind. Dennoch scheint die Behauptung, dass das Ganze ein Schwindel ist, nur für einen Teil der Symbole zu gelten.

Ich selbst habe zusammen mit einer kleinen Gruppe von Freunden und meiner Familie die ›Gosford Glyphs‹ besucht, die mitten im Nirgendwo liegen. Es wäre tatsächlich ein höchst seltsamer Ort für jemanden, der einen Schwindel plant, weil solche Dinge normalerweise dort geschehen, wo es sich schnell herumspricht.

In der Regel ist ja die Absicht hinter einer solchen Täuschung, lokal eine große Aufregung hervorzurufen, was dem ›Täter‹ Vergnügen bereitet. Doch in diesem Fall ist es fast unmöglich, rein zufällig auf diesen Ort zu stoßen, und man hat selbst dann ein Problem, wenn man danach sucht. Die Gravierungen sind perfekt versteckt in einer schwer zugänglichen

Felsnase und selbst von dem schmalen Pfad aus, der sich durch den umliegenden Wald schlängelt, nicht zu sehen.

Der einzige hervorstechende Marker für die Stätte ist ein riesiger Eukalyptusbaum, in der Umgebung als Großmutterbaum bekannt. Es erfordert einiges Klettern, um die kleine Felsspalte weiter unten zu erreichen, in der die Symbole zu sehen sind. Ich bin kein großer Freund vom Herumstolpern auf glitschigen Felsen, also begnügte ich mich damit, von einem höher gelegenen Punkt aus auf sie hinunterzusehen, und überließ es Bruce und unserem vierjährigen Sohn, sich mit der Kletterei abzuquälen und Fotos zu machen.

Während ich allein da saß, nahm ich mir ein wenig Zeit, mich auf die Energie des Ortes einzustimmen, und bald hatte ich das starke Gefühl, dass ich in dem für Frauen reservierten Bereich war und dass die Männer auf der anderen Seite sein sollten. Kurz danach bemerkte ich eine menschenähnliche Gestalt, die auf mich zukam. Es fühlte sich an, als sei sie der Betreuer des Ortes. Diese Wesenheit betrachtete mich eingehend und bewegte sich dann weiter auf die anderen Personen meiner Gruppe zu. Ich hatte die leise Befürchtung, dass das Wesen nicht glücklich darüber war, dass Menschen sich an diesem Ort aufhalten, aber niemandem ist etwas passiert.

Dann sah ich in Richtung des Großmutterbaums und fühlte umgehend die Gegenwart von drei weiblichen Ältesten, die um mich herum saßen. Sie fingen an, über ›die Zeit bevor es Zeit gab‹ zu sprechen. Sie erklärten mir den Zweck dieser Stätte, der drei Aspekte hatte: Heilung, Geschichtenerzählen und interdimensionales Reisen.

Die Geist-Frauen fingen an zu singen oder eine Melodie zu summen, und dann begann es leicht zu regnen. Alles fühlte sich sehr friedvoll an, und ich hatte das Gefühl, als sei ich nach einer langen Zeit an diesen Ort zurückgekehrt. Als ich mich vorsichtig auf den Weg zurück den schlüpfrigen Felsen hinunter machte, tauchte ein anderer weiblicher Spirit auf und führte mich hinunter, damit ich nicht stürze. Auch sie fühlte sich vertraut an, so als wäre ich irgendwie mit ihr verwandt. Es gab Momente, da fühlte es sich an, als stützte sie mich, und es war alles so lebendig, als wäre es das Normalste von der Welt.

Als Valerie den Ort zum ersten Mal besuchte, zusammen mit Gerry und ihrer Freundin Karen, waren ihre Erlebnisse irgendwie noch intensiver und eigenartiger als meine. Nachdem sie die Hieroglyphen berührt hatten und dann weiter zu einem höheren Bereich der Felsnase geklettert waren, sprach Alcheringa durch Valerie und verkündete, dass er sie alle drei seit vielen Lebenszeiten kannte. Weiterhin erklärte die Wesenheit, dass alle, die anwesend waren, eine direkte Verbindung zu den Sternenmenschen hatten.

Alcheringa teilte ihnen mit, dass viele dieser Zeichen von außerirdischen Wesen eingraviert worden waren und dass Lebensformen zahlreicher Welten die Erde über Millionen von Jahren besucht hatten. Ein Grund für die wiederholten Besuche war die direkte Beeinflussung der Entwicklung von Leben auf diesem Planeten. Bevor er verschwand, erwähnte Alcheringa, dass die Glyphen helfen würden, viele Menschen zu einem neuen Bewusstsein zu erwecken.

Dann führte Gerry die Frauen zu einem Ort, bekannt als Whale Rock, mit Blick über das Meer von Brisbane. Dort angekommen, überfiel die beiden Frauen ein merkwürdiges Gefühl. Es gab da eine Felsformation, die aussah wie ein Bett aus Stein, das mit einem größeren Felsen verschmolzen war. Dieses seltsame Steinbett bot die Möglichkeit für eine Person, sich bequem hinzulegen. Gerry sagte, dass in vergangenen Zeiten schwangere Aborigine-Frauen sich in diese Kuhle legten, wenn die Wehen einsetzten. Karen legte sich unverzüglich in diese Vertiefung und schloss ihre Augen.

Kurz darauf merkten die Drei, dass sie in einen anderen Bewusstseinszustand gewechselt waren. Sie waren nicht länger in ihren physischen Körpern, und die Umgebung schien nicht die von heute zu sein. Ihre Körper hatten jetzt fremdartige außerirdische Formen mit langen, schlanken Gliedmaßen, heller blau-grauer Haut und länglicher Kopfform. In der weiter unten gelegenen Bucht versank ein abgestürztes untertassenförmiges Fluggerät langsam im Meer. Über dem verunglückten Raumschiff schwebte ein anderes Vehikel in der Luft und »pflückte« Überlebende aus dem Wasser. Valerie bemerkte eine Herde Delfine, die half, einige der zappelnden Wesen in Richtung Ufer zu schubsen.

Diese Form bildhafter Erfahrung ist als spontane Erinnerung an ein früheres Leben bekannt. Vielleicht haben Sie in diesem Zusammenhang schon einmal die Bezeichnung ›time-slip‹ (›Zeitschlupf‹) gehört. Im einen Moment sind Sie hier in der Gegenwart und schon im nächsten eine Person, die in einer anderen Zeit lebt. Als Bruce und ich mit dem Leiter der Abteilung für Wahrnehmungsstudien der University of Virginia, Dr. Bruce Greyson, korrespondierten, schlug er den Begriff ›retrocognition‹ (›Rück-Erkenntnis‹) vor, um meine persönlichen Reisen in die Vergangenheit zu beschreiben.

Erlebnisse wie diese sind vielen Menschen widerfahren – wenn sie auch in der Regel nichts mit außerirdischen Wesenheiten zu tun haben –, und Sie können jede Menge einschlägige Bücher und Artikel zu dem Thema finden. Diese Art von Erlebnis schließt Ihr ganzes Wesen mit ein. Sie fühlen, dass es sich um eine direkte echte Erfahrung handelt, die Sie durchleben, im Unterschied zu einer normalen Erinnerung. Aufgrund meiner eigenen häufigen Erlebnisse dieser Art, die meistens mit der Maya-Stadt Palenque im siebten Jahrhundert zu tun hatten, kann ich vollkommen nachvollziehen, wie sich Valerie und ihre Freunde gefühlt haben müssen. Während man im Körper dieser anderen Person ist, hat man gleichzeitig Zugang zu ihren Emotionen, Gedanken und Erinnerungen – also nicht nur den unmittelbaren Sinneseindruck. In der Rückführungstherapie, einer Heilmethode, in der ich ausgebildet bin, können Menschen bewusst durch diese Art von Erfahrungen geführt werden, um Probleme in früheren Leben zu lösen, die sich auf ihr gegenwärtiges Leben auswirken.

Valerie und ihre beiden Freunde erlebten sich als havarierte Überlebende einer Mission zur Erde. Sie waren sich eines Plans bewusst, der mit einem Kollektiv vieler wohlwollender außerirdischer Spezies zu tun hatte. Die kosmische Reise hatte im Sternenhaufen der Plejaden begonnen – wenn auch die verschiedenen daran beteiligten Spezies nicht unbedingt aus dieser Gegend des Weltraums stammten. Valerie kamen zwei Orte in den Sinn, die mit den Außerirdischen verbunden waren: einer hieß Lyra, und ein anderer hörte sich an wie Altair. Es waren Einwohner vieler Planetensysteme involviert. Das Raumschiff war vom Plejaden-Nebel gekommen, dem Ort einer Raumanomalie, die ein Portal zur Erde bot.

Nachdem diese gemeinsame Erfahrung vorbei war, fügte Valerie alles zusammen, was sie von ihren Gefährten hörte, einschließlich einer Information aus einem damit offenbar verbundenen Traum, den Gerry Jahre zuvor gehabt hatte. In diesen früheren Traumzuständen hatte er sich an Bord eines Mutterschiffs befunden, als es unerwartet angegriffen wurde. Um ihn herum gellte der Alarm auf, und in der allgemeinen Panik schaffte er es, seine Familie von Bord des gefährdeten Raumschiffs zu bringen. Mit anderen Besatzungsmitgliedern zusammen hatte er ein kleines, untertassenförmiges Vehikel in Richtung Erdoberfläche gesteuert, doch es war in der Nähe eines kleinen Strandes ins Meer gestürzt.

In der spontanen Rückerinnerung hatte sich Gerry in diesem UFO wiedergefunden, von einem Teil des beschädigten Raumschiffs so festgenagelt, dass er sich nicht bewegen konnte, dabei, zu ertrinken. Seine zwei außerirdischen Erfahrungen, eine während des Schlafes und eine andere im Wachzustand, passten perfekt zusammen.

Später kommunizierte Valerie noch einmal mit Alcheringa, in der Absicht, dieses verwirrende Ereignis weiter zu enträtseln. Die Geschichte, die sich dabei ergab, war die eines relativ großen kristallinen Raumschiffs, erfüllt von einem eigenen Bewusstsein, das 50.000 Kolonisten von den Plejaden in Richtung Erde bringen sollte. Der Plan war, die Kontrolle von den ziemlich unangenehmen damaligen Herrschern über die Erde zu übernehmen. Diesbezügliche Verhandlungen waren bereits erfolgreich abgeschlossen. Die Erde sollte dann als Außenposten für wohlmeinende Rassen fungieren, die dabei helfen würden, die Glaubenssysteme von Wesenheiten mit negativen Absichten, die den umgebenden Bereich des Weltraums bewohnten, abzuwandeln. Kurz bevor die Kontrolle über die Erde übernommen werden konnte, hatte die gegnerische Kraft aus aggressiveren Außerirdischen die Vereinbarung jedoch gebrochen und einen Überraschungsangriff durchgeführt. Nur eine Handvoll Aufklärungsschiffe mit weniger als hundert Überlebenden waren sicher auf der Erdoberfläche gelandet.

Jetzt, wo ihre Pläne zunichte waren, fehlte es den Überlebenden an der nötigen Ausrüstung, um einen umweltbedingt feindseligen Planeten erfolgreich zu kolonisieren, und so mussten sich die Überlebenden etwas Neues einfallen lassen. Wäre dieses Unglück nicht passiert und hätte sich dadurch nicht plötzlich die Notwendigkeit ergeben, ihre Pläne zu ändern, gäbe es den modernen Menschen vielleicht gar nicht.

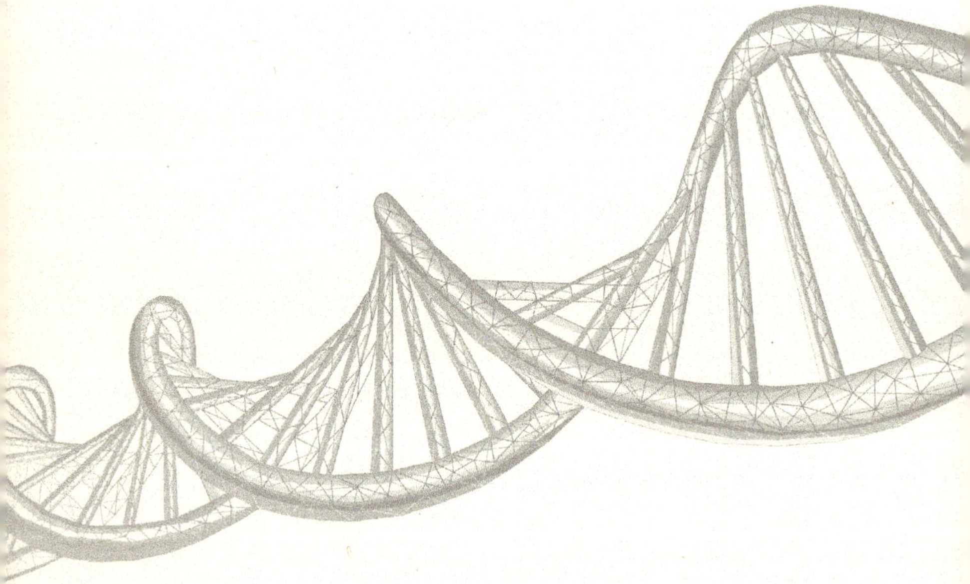

3

Erinnerungen an frühere Leben und außerirdische Botschaften

»Heute ist es meine Mission, den Menschen von der weit zurückliegenden Vergangenheit zu berichten und die Informationen weiterzugeben, die ich von anderen erhalten habe. Möge dies zu einem Verständnis dessen führen, wer und was wir in Wahrheit sind.«

Valerie kommunizierte noch viele Male mit Alcheringa, bevor der Stein schließlich seinen Weg zurück zu den Aborigines fand. Jedes Gespräch zwischen Valerie und Alcheringa ergänzte die Geschichte der Mission von den Plejaden und den gestrandeten Überlebenden auf der Erde.

Im Laufe der Zeit lernte sie mehr als zwanzig Menschen kennen, die sich an die gleichen Ereignisse erinnerten. Einige wussten bereits aus ihren Träumen von dieser Mission, doch die meisten erinnerten sich erst an ihre lange zurückliegenden Erlebnisse, als sie die Fotos der eingravierten Hieroglyphen in Gosford zu Gesicht bekamen.

Die Geschichte wurde immer klarer, und es stellte sich heraus, dass die überlebenden Sternenmenschen beschlossen hatten, die einzige Möglichkeit, dennoch die Zukunft der Erde zum Besseren zu wenden, bestehe darin, die Ziele ihrer Mission an das am besten geeignete Wesen weiterzugeben, das bereits auf dem Planeten lebte. Ein aufrecht gehender behaarter Affenmensch wurde für dieses Projekt ausgewählt, und man leitete gentechnische Veränderungen ein. Das neue, modifizierte und hybridisierte Wesen würde nach einiger Zeit so weit entwickelt sein, dass Sternenmenschen darin inkarnieren konnten. Außerdem würde es als Vehikel für die Seelen weniger freundlich gesonnener kosmischer Wesenheiten dienen. Letztere Überlegung war notwendig, da das Potenzial dieses neuen Mischwesens weit über das einer lokalen galaktischen Intelligenz hinausreichte, die auf einer eher seichten Bewusstseinsebene feststeckte. Das Inkarnieren in diese neue hybride Form sollte verschiedenen negativen Wesenheiten die Möglichkeit bieten, sich zu ›erheben‹, und dieser Spezies die Chance bieten, sich spirituell weiterzuentwickeln.

Vielleicht werden Sie sich jetzt fragen, warum die alliierten kosmischen Kräfte keine Rettungsversuche unternahmen. Tatsächlich traf fünf Jahre nach dem Angriff eine Anzahl weiterer Raumschiffe auf dem Planeten ein. Zu dem Zeitpunkt, als diese Flottille die Erde erreichte, waren viele der abgestürzten Sternenmenschen nicht mehr am Leben, in erster Linie weil sie extrem schlecht an die Bedingungen auf der Erde angepasst waren. Alles Mögliche, die intensive Sonnenbestrahlung, durch Wasser und Luft übertragene Bakterien und Viren sowie giftige Pflanzen, hatte Opfer gefordert. Ohne all die hochentwickelten Technologien auf dem Muttterschiff war eine Kolonisierung völlig unmöglich. Jedoch hatten sich die wenigen Überlebenden verpflichtet, der örtlichen menschenähnlichen Spezies zu helfen, sich weiterzuentwickeln. Fast alle dieser Überlebenden lehnten das Angebot einer Rettung ab und arbeiteten weiter daran, die neue Form des Menschen zu erschaffen.

Die Besatzungen der neu angekommenen Raumschiffe waren keine Kolonisten, sondern Krieger einer katzenähnlichen humanoiden Spezies – Löwenmenschen. Der Kommandant der Gefechtsgruppe gab einen endgültigen Erlass an alle verbliebenen feindlichen Kräfte in ihren unterirdischen Höhlen heraus, den Planeten sofort zu verlassen oder sich mit der vollen Gewalt alliierter Vergeltung konfrontiert zu sehen. Ein Großteil der feindlichen Truppen gab auf und floh durch ein Portal zum Orion, doch einige weigerten sich zu gehen. Die anschließende Bombardierung ihrer Bollwerke erfolgte schnell und entschieden.

Ohne Frage gehen einige der komplizierten Einzelheiten, die Valeries Gesprächen mit den Beteiligten entstammen, weit über alles hinaus, was ich jemals hoffen kann, bestätigt zu bekommen. Aber das heißt nicht, dass sie falsch sind oder nicht vielleicht zu einem späteren Zeitpunkt bewiesen werden könnten. Ich kann auch nicht behaupten, dass alles, was sie in ihrem Buch erwähnt, genauso passiert ist, wie sie es schildert. Entscheidend war für mich das Gefühl, dass allein schon die zentrale Aussage – dass Außerirdische auf die Erde gekommen sind und geholfen haben, die menschliche Entwicklung einzuleiten – es wert war, eingehender untersucht zu werden.

Schließlich beschränkte ich mich auf ein paar besonders wichtige Einzelheiten in ihrem Bericht und wählte eine Handvoll der entscheidenden Vorkommnisse aus, die das Eingreifen der Außerirdischen bestätigen konnten.

Bevor wir fortfahren, lassen Sie uns kurz meine Aufgabenliste anschauen:

- Liefere Beweise, die die Behauptung stützen, dass vor Milliarden von Jahren eine hochentwickelte galaktische Zivilisation auf der Erde DNA ausgesät hat.
- Liefere Beweise, die die Behauptung stützen, dass außerirdische Wesen über Technologien verfügen könnten, die es ihnen ermöglichen, durch das Universum zu reisen und sogar durch die Zeit.
- Liefere vor allem schlüssiges Beweismaterial dafür, dass ein riesiges kristallines Raumschiff in der Umlaufbahn über Australien explodiert ist.
- Liefere geologische Beweise, dass die Erde als Teil einer plejadischen Vergeltungsmaßnahme für den Angriff auf ihre Kolonisten absichtlich mit Asteroiden bombardiert wurde.
- Liefere Klimadaten, um die scheinbar schwerwiegende Auswirkung dieser plejadischen Vergeltung zu stützen, die sich fünf Jahre nach dem Verrat ereignet haben soll.
- Liefere detaillierte genetische Informationen aus wissenschaftlichen Quellen, die ein bewusstes Engineering des vorzeitlichen *Homo sapiens* beweisen.
- Liefere eine wissenschaftlich gut gestützte Analyse der Wirkung und Implikationen der spezifischen Modifikationen, die zur Entstehung des vorzeitlichen *Homo sapiens* durchgeführt wurden.

Ich gebe offen zu, dass sich dies wie eine über die Maßen ambitionierte Liste anhört, aber mir wurde bald klar, dass es noch einen zusätzlichen Faktor zu bedenken gibt: das Timing. Diese Untersuchung bedarf einer weiteren unerlässlichen Bedingung: Alle aufgedeckten wissenschaftlichen Beweise müssen auf denselben festgelegten Zeitraum verweisen.

Uns wurde ein mögliches Datum – vor 900.000 Jahren – gegeben, doch weiß ich aus meiner Beschäftigung mit außersinnlicher Forschung, dass dies eher ein genereller Hinweis als ein festgelegter Wegweiser sein könnte. Mittels außersinnlicher Methoden durch den Zugang zu höheren Dimensionen präzise Daten zu erhalten, von denen viele außerhalb unseres linearen Raum-Zeit-Kontinuums existieren, ist bekanntermaßen immer heikel. Gleichwohl taucht diese zeitliche Festlegung in Valeries Buch mehrmals auf, was mich vermuten lässt, dass sie nicht Hunderttausende von Jahren daneben liegen kann. Zum Zwecke unseres Forschungsprojektes nahmen wir daher diesen Zeitraum als Orientierung und begannen, uns Daten anzuschauen, die zwischen einer Million und 800.000 Jahren in der Vergangenheit liegen. Wie sich später herausstellen sollte, wäre es uns nicht möglich gewesen, Beweise zu finden, hätten wir nicht diesen erweiterten Zeitradius bei unseren Nachforschungen benutzt.

Ich bin sicher, dass manche Menschen nach wie vor mit unserer Wahl der Quellen für unsere Informationen Probleme haben sowie mit der Vorstellung, dass ein Stein das interaktive Bewusstsein einer außerirdischen Wesenheit enthalten oder Personen Ereignisse aus der weit entfernten Vergangenheit wiedererleben können. Obwohl man wohl richtigerweise sagen kann, dass sich die Gültigkeit dieser Quellen durch den Erfolg bestätigt, den wir bei ihrer Anwendung haben, lohnt es sich doch, sich einmal genauer anzuschauen, was Experten über diese Art von Phänomenen zu berichten wissen.

Viele hoch qualifizierte Wissenschaftler und Philosophen haben bereits darüber nachgedacht, was man von weit entwickelten außerirdischen Zivilisationen erwarten kann. Wir haben bei unserer vorausgegangenen Erörterung von Hollywood-Filmen ausgezeichnete Beispiele dafür gesehen, wozu außerirdische Technologie fähig zu sein scheint. Susan Schneider, eine bekannte Neurowissenschaftlerin an der University of Pennsylvania, hat mehrere ihrer Gedanken zu dem Thema publiziert, und sie schlägt vor, wir sollten davon ausgehen, dass einige dieser Wesen in eine nicht-körperliche Existenz übergangen sind oder sogar ihren Geist in Silizium-basierte Netzwerke hochgeladen haben.[2] Eine wachsende Anzahl von Denkern im Bereich der Exobiologie sind zu dem Schluss gekommen, dass sich sehr viele hochentwickelte außerirdische Spezies irgendwann jenseits von Kohlenstoff-basierten Lebensformen bewegen würden. Außerdem müssen wir die Möglichkeit in Betracht ziehen, dass die roboterartigen Schöpfungen einer technologisch hochentwickelten außerirdischen Kultur voll fühlend und sich ihrer selbst bewusst sind.

Mathematisch gesehen ist die Chance größer, dass wir irgendeiner Form von Robotern begegnen als einem organischen Außerirdischen. Selbst organische Wesenheiten werden wahrscheinlich zuerst eine roboterähnliche Probe schicken, bevor sie unserem Planeten einen physischen Besuch abstatten. Wir benutzen ja selbst Roboter, um neue Umgebungen sowohl auf der Erde als auch im All zu erforschen und zu kartografieren. Außerdem kann es für uns bereits eine Herausforderung sein, einen außerirdischen Besucher oder auch nur eine seiner informationsverarbeitenden Technologien überhaupt zu erkennen – vielleicht würde sie für uns bloß wie irgendein belangloser Stein aussehen.

Manche Leser werden vielleicht die Gültigkeit von Erinnerungen an frühere Leben als Quelle für Information anzweifeln, ungeachtet der Tatsache, dass seit mehreren Jahrzehnten nachhaltige wissenschaftliche Beweise zur Verfügung stehen. Professor Ian Stenvenson von der Division of Perceptual Studies (Abteilung für Wahrnehmungsstudien) an der University of Virginia hat detaillierte akademische Forschungen bezüglich der Erinnerung von Kindern an kürzlich vergangene Lebenszeiten durchgeführt.

Im Laufe von rund vierzig Jahren gelang es Stevenson, in Hunderten von Fällen Orte, Personen und Ereignisse nachzuverfolgen, die bis ins Detail den ihm erzählten Geschichten entsprachen, in der Regel von sehr jungen Kindern. Unabhängig von der genauen Funktionsweise der Phänomene an sich oder des Wissens, welcher Mechanismus dazu führte, dass sie eintraten, kam unter Anwendung strenger wissenschaftlicher Protokolle ein geachteter und skeptischer Akademiker (zusammen mit verschiedenen internationalen Wissenschaftlern, die ihm assistierten) zu dem Schluss, dass in manchen Fällen Erinnerungen aus früheren Leben genuin produzierte historisch akkurate Informationen waren.

Jedem, der sich näher mit Beweisen für Erinnerungen an frühere Leben beschäftigen möchte, die überprüfbare Daten bieten, empfehle ich das umfangreiche Material von Professor Stevenson, das ungefähr dreihundert Artikel und vierzehn Bücher umfasst. Zu Stevensons Sammlung bedeutender Publikationen gehören unter anderem *Reinkarnation: Der Mensch im Wandel von Tod und Wiedergeburt* (engl. 1966/dt. 1994) und *Reinkarnation in Europa: Dokumentierte Fälle* (engl. 2003/dt. 2014). Vielleicht seine außergewöhnlichste Arbeit ist die im Original 2.268 Seiten lange, zweibändige *Reincarnation and Biology: A Contribution to the Etiology of Birthmarks and Birth Defects* (1997). Bedenken Sie, dass dieses Meisterwerk sage und schreibe zweihundert Fälle von Geburts- und Muttermalen sowie Geburtsfehlern enthält, die mit den Wunden der verstorbenen Person korrespondieren, an dessen Leben sich das Kind erinnerte. Nachdem ich mehrere seiner investigativen Berichte gelesen habe, kann ich sie nur als verblüffend und absolut überzeugend bezeichnen.

Doch Professor Stevenson ist nicht der einzige Wissenschaftler oder Mediziner, der in den Bereich von Erinnerungen an frühere Leben gestolpert ist und das darin verborgene Potenzial entdeckt hat, dadurch detaillierte Berichte über lange zurückliegende Ereignisse zu bekommen. Im Jahre 1962 meldete sich bei einem hochgeachteten englischen Psychiater namens Dr. Arthur Guirdham eine Patientin, die von extrem heftigen und brutalen Albträumen geplagt wurde. Die schrecklichen Träume schienen sich auf eine Epoche in vorgeschichtlicher Zeit zu beziehen, die sie nicht bewusst benennen konnte.[3]

Während Dr. Guirdhams Patientin, Mrs. Smith, Namen, Details und historische Informationen aus ihren wiederholten nächtlichen Reisen schilderte, erkannte Guirdham klare Verbindungen zu den Katharern und den katholischen Kreuzrittern, von denen sie ausgelöscht wurden.

Die Katharer galten als christliche Häretiker, zumindest in den Augen der katholischen Kirche, denn sie lebten das Ideal der Nächstenliebe und warfen gerade deshalb ein grelles Licht auf die Verfehlung der Kirche. Über hundert Jahre lang wurden sie aufs Grausamste verfolgt, bis es 1244 in Montségur, Frankreich, zu einem letzten barbarischen Massaker an den überlebenden Männern, Frauen und Kindern kam. Doch diese Erinnerungen waren erst der Anfang einer Reihe höchst eigenartiger Informationen, ehe sich der hochgeachtete Psychiater, ein Absolvent der berühmten Oxford University, im Mittelpunkt einer der verblüffendsten Reinkarnationsfälle des vorigen Jahrhunderts wiederfand.

Kurz nachdem Mrs. Smith über ihre verstörenden Visionen berichtet hatte, begannen nämlich mehrere seiner weiblichen Patienten mit der detaillierten Beschreibung ähnlicher Rückblicke. Schließlich hatte Dr. Guirdham das Gefühl, sich im Zentrum von etwas ganz und gar Unerhörtem zu befinden, einem Fall von Massenreinkarnation. Alle diese Patienten lebten in einem Radius von ungefähr fünfundzwanzig Kilometern von Bristol, England.

Guirdham stellte fest, dass auch er in der Lage war, sich an Ereignisse aus dieser Zeit zu erinnern, was darauf schließen ließ, dass er selbst eine Verbindung zu Mrs. Smith und ihren Schilderungen hatte. Er machte sich daran, die Wahrheit herauszufinden, indem er alle verfügbaren historischen Quellen überprüfte. Mit der Zeit identifizierte Guirdham erfolgreich etwa ein Dutzend der Namen, die ihm seine Patienten genannt hatten. Bedenken Sie bitte, dass die meisten dieser Namen mit unbekannten, einfachen Menschen des dreizehnten Jahrhunderts zu tun hatten, die seine Patienten eigentlich nicht gekannt haben konnten. Tatsächlich war eine professionelle Suche in überlieferten Aufzeichnungen erforderlich, unterstützt von angesehenen Historikern, um die früheren Inkarnationen in den Berichten über die französische Inquisition zu finden. Diese Berichte sind wohl kaum eine Quelle, mit der sich die normale Öffentlichkeit beschäftigt, und ich bin sicher, dass die meisten von uns keine Ahnung haben, dass solche Aufzeichnungen überhaupt existieren.

Dies ist der richtige Augenblick, einige interessante Überlappungen zwischen Guirdhams Geschichte und unserer eigenen hervorzuheben, unter anderem die Tatsache, dass Bruce und ich uns als gnostische Denker betrachten, so wie es einst auch die Katharer waren. Mein Großvater erzählte mir, dass die Ahnenreihe unserer Familie sich bis zu den Katharern in Südfrankreich zurückverfolgen ließ. Bruce wuchs etwa dreißig Kilometer in nordöstlicher Richtung von dem Ort entfernt auf, wo Guirdham seine Klinik hatte, nicht weit von der Gegend entfernt, in der die Patienten gelebt hatten. Die bemerkenswerteste Verbindung ist wohl, dass Valerie Barrow ebenfalls über eine Erinnerung an ein früheres Leben als katharischer Eingeweihter geschrieben hatte, einem von jenen, die in Montségur den Flammentod erlitten. Dieser zusätzliche Bericht über ein früheres Leben ist übrigens Teil ihres Buches *Two Soulmates: Walking Through Time & History* (2013). Es scheint mehr als nur ein Zufall zu sein, dass es direkte Verbindungen zwischen zwei Fällen von Massenreinkarnation gibt, die eine in England, wo sowohl Valeries Mann John als auch mein Mann Bruce herkommen, und die andere in Australien, woher Valerie und ich stammen.

Anmerkung des Verlags

Und die Synchronizitäten gehen noch weiter: Der Verleger von AMRA, der bei Recherchen im Internet auf Daniellas ursprünglich im Selbstverlag erschienenes Buch stieß und mit ihr Kontakt aufnahm, um es auf Deutsch herauszubringen, hatte bei einer Rückführung durch Jan Erik Sigdell, einen ausgewiesenen Experten für das gnostische Urchristentum, dem die Katharer ja anhingen, genau die gleiche Erfahrung gemacht, die in Kapitel 2 des vorliegenden Buches geschildert wird. Auch er erinnert sich an eine Raumschlacht im Orbit um die Erde, bei der er als Pilot eines kleinen scheibenförmigen Schiffs der Plejader einen Angriff abwehrte. Allerdings wurde sein Schiff bei der Verteidigung zerstört und sein Bewusstsein auf einen Planeten der Plejaden geschleudert, zurück in die Einsatzzentrale. Jan Erik Sigdell wiederum, der diese Rückführung begleitete, hat ebenfalls Erinnerungen als Plejader und in mehreren Büchern Aufklärung über das wahre Wesen der katholischen Kirche und den seit Jahrtausenden erfolgenden Missbrauch durch eine Spezies namens Anunnaki hier auf der Erde betrieben. Und Montségur, das mittelalterliche Städtchen im südfranzösischen Languedoc, mitten in der Region Okzitanien, dem sich Daniella, Bruce, Valerie und John so verbunden fühlen, liegt nur fünfzig Kilometer von dem Bergdorf Rennes-le-Château entfernt, in dem der Verleger 2007 wichtige persönliche Erfahrungen machen durfte, die auch seine plejadische Ahnenreihe betrafen. Auf den Gipfeln von Montségur und Rennes-le-Château standen die bekanntesten Burgen des Volks der Katharer. Offenbar ist das gesamte Buch erfüllt von plejadisch-urchristlicher Energie und stellt die Frage neu, wie sehr das Urchristentum um Jesus und Maria Magdalena plejadisch geprägt war.

Das Prinzip der Reinkarnation gehört zum Glaubenssystem verschiedener philosophischer und spiritueller Gemeinschaften und ist wohl am bekanntesten bei den Hindus und Buddhisten. Aber es ist ebenso ein Teil zahlreicher schamanischer Traditionen und wird auch von Gnostikern, Kelten, Drusen, dem Urchristentum und vielen anderen vertreten.

Kollektive Gruppenreinkarnationen scheinen darauf hinzuweisen, dass es in bestimmten Fällen von Wiedergeburt einen anderen Grad an Ordnung gibt, vielleicht in Form eines bewussten Merkmals, bei dem einige Menschen wählen können, wo, wann und mit wem sie wiedergeboren werden. Tibetische buddhistische Meister sagen seit Langem, dass es aufgrund ihrer hochentwickelten Meditationspraktiken leicht für sie ist, die Details ihres nächsten Lebens zu wählen und sogar den Moment ihres Todes zu bestimmen. Forschungen in diesem Bereich, zu denen viele Tests gehören, um wiedergeborene buddhistische Meister zu identifizieren, deuten darauf hin, dass dies tatsächlich der Fall sein könnte.

Obgleich ich die Idee der Reinkarnation als beste Erklärung dafür betrachte, warum so viele Menschen sich an Einzelheiten aus einem Leben in einer lange zurückliegenden Vergangenheit erinnern, sollten wir nicht vergessen, dass wir in diesem Fall das außergewöhnliche Ereignis einer Retrokognition erforschen, der ›Rück-Erkenntnis‹, wie Dr. Bruce Greyson es nannte. Hierbei handelt es sich um Berichte von Personen, die sich an ein Leben als hochentwickelte außerirdische Wesenheiten erinnern. In meinen Augen wäre es ein Fehler, die Möglichkeit zu ignorieren, dass es noch andere Erklärungen für diese erstaunlichen Erinnerungen gibt. Wir werden uns daher kurz mit drei weiteren potenziellen Szenarien beschäftigen, die erklären oder eine Rolle dabei spielen könnten, dass sich diese eigenartigen, außerirdischen Erinnerungen bei so vielen Menschen einstellen.

Immer mehr Neurowissenschaftler und Geophysiker sind fasziniert von der Beziehung zwischen den Funktionen des menschlichen Gehirns und dem elektromagnetischen Feld des Planeten. In einem kürzlich erschienenen Artikel mit dem *Titel How Privat are our Thoughts?*[4] für das *Magazin Scientific and Medical Network* diskutiert der Geophysiker Paul Kieniewicz die laufende Forschung bezüglich der Art, wie unser Gehirn mit natürlichen Erdenergien interagiert. Kieniewicz erklärt, dass es in dem Raum zwischen der Erdoberfläche und der Ionosphäre eine Art Hohlraum gibt, der das elektromagnetische Feld der Erde einschließt und in dem extrem niedrige Frequenzen existieren, die stehende Wellen formen. Diese elektrischen und magnetischen stehenden Wellen werden kontinuierlich von Lichtblitzen mit Energie aufgeladen und weisen Resonanzspitzen von 8 Hz, 14 Hz, 21 Hz und 27 Hz auf. Diese Resonanzspitzen sind als Schumann-Resonanzen bekannt.

Neurologen haben festgestellt, dass die elektrischen Felder der Schumann-Resonanzen häufig mit denen des menschlichen Gehirns übereinstimmen. Der hochgeachtete Neurowissenschaftler Michael Persinger und mehrere seiner Mitarbeiter haben sogar angedeutet, dass Informationen zwischen dem menschlichen Gehirn und dem magnetischen Feld der Erde ausgetauscht werden könnten.

Diese Informationen könnten in Form von Licht übertragen werden, produziert von lebenden Organismen, die als Biophotone bekannt sind. Tatsächlich werden solche Lichtphotone sogar von der DNA selbst ausgestrahlt.

Kieniewicz' Forschungen werfen die Frage auf, ob das magnetische Feld der Erde menschliche Gedanken speichern könnte, gerade so wie unser Gehirn sie als Erinnerungen speichert, was es anderen Individuen erlaubt, in dieses Feld hineinzureichen und sie hervorzuholen. Vielleicht werden Sie das nächste Mal, wenn Sie einen unerklärlich seltsamen Traum haben, die Möglichkeit in Betracht ziehen, dass der Traum seinen Ursprung in diesen stehenden Wellen hatte. Im Tiefschlaf neigen unsere Gehirnmuster dazu, sich auf die Resonanz des magnetischen Feldes der Erde einzustimmen, was uns potenziell anfälliger macht für einen solchen Informations-Transfer. Wäre es unter Umständen möglich, dass wir die Erfahrungen von Wesen, die in der Vorzeit auf der Erde lebten, anzapfen können, sogar die von außerirdischen Kreaturen, die vor Hunderttausenden von Jahren hier ankamen?

Eine andere, besondere Art von Erinnerungsspeicher ist als genetische Erinnerung (›genetic memory‹) bekannt und betrifft Erinnerungen, die bei der Geburt präsent waren und in Ermangelung sensorischer Erfahrung existieren. Normalerweise werden solche Erinnerungen über lange Zeiträume im Erbgut gespeichert. In diesem Zusammenhang können wir an das programmierte automatische Verhalten von Neugeborenen denken. Neue Forschungen im Bereich der Epigenetik haben enthüllt, dass Lebenserfahrungen, wenn auch nicht direkt in der menschlichen DNA kodiert, an Kinder weitergegeben werden können. Untersuchungen haben gezeigt, dass sich das Überleben traumatischer Ereignisse auf nachfolgende Generationen auswirken kann. Unsere Erfahrungen verändern die Art, in der Gene sich zum Ausdruck bringen, und dieser genetische Ausdruck kann dann vererbt werden.

Es gibt ein wachsendes Interesse bezüglich der Kapazität von DNA, Erinnerungen zu speichern. Dass DNA viele Formen von Information erfassen kann, ist kein Geheimnis. Forscher haben sogar eine Möglichkeit gefunden, digitale Daten in DNA zu kodieren. Wenn wir DNA benutzen würden, um unsere Daten-Aufzeichnungen zu speichern, würde dies die dichteste, großflächigste Datenspeichermethode sein, die es je gegeben hat. Man hat errechnet, dass wir pro Gramm DNA potenziell rund 215 Millionen Gigabytes an Daten[5] speichern können. Doch wie sieht es mit lebhaften emotionalen menschlichen Erinnerungen aus, können diese auch direkt in unsere DNA-Moleküle geschrieben werden?

Der berühmte Psychologe Carl Gustav Jung theoretisierte, dass wir mit den Erinnerungen und Erfahrungen unserer Vorfahren, eingebettet in unsere DNA, geboren werden. Das mag sich zu Beginn ein wenig abgehoben anfühlen und schwer zu akzeptieren sein, doch neueste Forschungen sind dabei, Jungs Theorie zu unterstützen. Wir wissen heute, dass uns zumindest einige der Erfahrungen, die unsere Ahnen durchlebt haben, ein direktes Wissen vermitteln, das wir »instinktives Verhalten« nennen. Wenn spezifische Traumata auf einer unbewussten Ebene mittels vererbter DNA Warnungen weitergegeben haben, könnte es dann nicht sein, dass wesentlich mehr Informationen gespeichert sind, die wir nur einfach nicht benutzen oder mit der wir lediglich auf einer unbewussten Ebene interagieren?

Dr. Berit Brogaard, Philosophieprofessorin an der University of Miami, spezialisiert auf die Gebiete Kognitive Neurowissenschaften und Geistesphilosophie, nimmt an, dass wir zumindest fähig sind, spezifische Fertigkeiten unserer Vorfahren anzuzapfen, vielleicht das Talent für ein bestimmtes Instrument oder eine Gabe für Mathematik.[6] Wenn Dr. Brogaard auch skeptisch bleibt, was unsere Hoffnung auf den Zugang zu voll umfassenden Erinnerungen spezifischer vergangener Ereignisse betrifft, erkennt sie doch an, dass das Gehirn und seine Funktionen immer noch viele Geheimnisse birgt. Es könnte sein, dass wir durch unsere DNA den Zugang zu wesentlichen Erinnerungen unserer ersten Vorfahren erlangen können. Nicht nur zu den Erinnerungen, auch zu jedweden einzigartigen Gaben und Talenten, die sie besaßen – was ungemein wichtig ist angesichts der Tatsache, dass wir hier über außerirdische Wesen mit großer Geistesmacht reden.

Das dritte Szenario hat mit hochentwickelter außerirdischer Wissenschaft zu tun. Der legendäre Futurist Arthur C. Clarke ist besonders für einen Ausspruch bekannt: »Jede einigermaßen hochentwickelte Technologie lässt sich nicht mehr von Magie unterscheiden.«[7] Wir müssen versuchen, den Unterschied zu erkennen zwischen Technologie, wie wir sie verstehen, und Technologie, die von Angehörigen einer hochentwickelten außerirdischen Zivilisation benutzt wird. Paul Davies, Physiker und Leiter der *Post-Detection Science and Technology Task Group* von SETI, also der Eingreiftruppe für einmal erkannte Wissenschaft und Technologie bei der Suche nach extraterrestrischer Intelligenz, geht davon aus, dass einige außerirdische Technologien nicht-physischer Natur sein könnten, nicht feststellbar und nicht einmal erkennbar als funktionale Technologie.[8] Wir wissen einfach nicht, in welcher Form hochentwickelte Wesenheiten aus der Ferne auf unsere mentalen Prozesse einwirken und ob sie dabei irgendwelchen Begrenzungen unterliegen.

Beweise für die Existenz von Wesen, die uns weit voraus sind, vielleicht um Millionen von Jahren, müssten Technologien aufweisen, die ans Magische und Undenkbare grenzen. Das eigenartige, in Blättern eingewickelte Objekt, das Valerie zur Verwahrung übergeben wurde, könnte sehr wohl eine solche Technologie sein, entworfen, um Ereignisse aufzuzeichnen und Daten sowie Bilder in den Geist von Menschen zu beamen. Es wäre durchaus vorstellbar, dass Übermittlungen des Objektes den Empfängern den Eindruck vermitteln, die Erfahrungen der längst verstorbenen außerirdischen Wesen – so sie denn »sterben« – nachzuerleben und mittels dieser Methode wichtige detaillierte Informationen zu empfangen.

Welch bessere Möglichkeit könnte es geben, eine hochentwickelte Technologie auf einem Low Tech-Planeten zu tarnen, als sie wie einen Stein aussehen zu lassen?

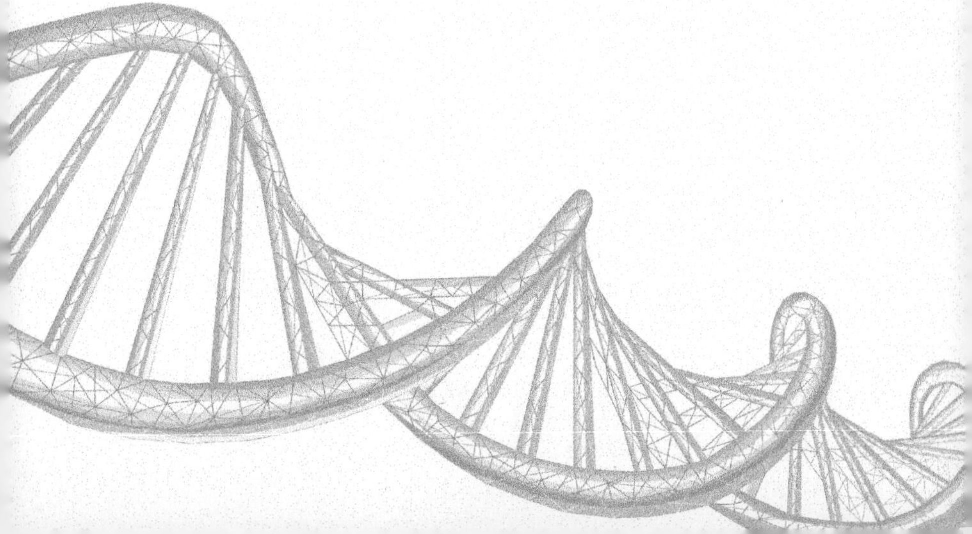

4

Panspermie oder die Besamung der Erde

»Unsere Erde ist eine lebende Bibliothek anderer Welten im All.«

An früherer Stelle haben wir bereits erwähnt, dass Alcheringa Valerie erklärte, wie außerirdische Wesen das Leben auf der Erde gesät haben und dass dies mehrere Milliarden von Jahren vor dem Besuch des plejadischen Mutterschiffs stattfand. Tatsächlich war es das produktive Potenzial des DNA-Moleküls als Basis allen Lebens auf unserem Planeten, das die Aufmerksamkeit mehrerer eher unfreundlicher Spezies geweckt und schließlich dazu geführt hatte, dass sie die Erde annektierten. Diese üblen Wesenheiten wollten Zugang zu der lebenden Bibliothek intergalaktischer genetischer Codes. In der Folge benutzten die neuen Besitzer der Erde ihre genetischen Wissenschaften, um Kreaturen zu erschaffen, die ihnen dienten oder

Vergnügen bereiteten. Eine der neuen von den Eindringlingen kreierten Spezies war der allererste Hominide, ein entfernter Vorfahre des modernen Menschen.

Zwei Wissenschaftler aus Kasachstan, Maxim A. Makukov vom Fesenkov Astrophysical Institute und Vladimir I. Shcherback von der al-Farabi Kazakh National University, haben vor kurzem öffentlich behauptet, dass unsere menschliche Spezies tatsächlich von einer hochentwickelten außerirdischen Zivilisation entworfen wurde. Finden Sie, das ist eine gewagte Aussage? Man sollte annehmen, dass diese beiden Wissenschaftler eine gute Vorstellung davon haben, wie wahrscheinlich ein solches Ereignis ist, angesichts des Umstandes, dass sie dreizehn Jahre lang für das 1990 gegründete internationale Humangenomprojekt gearbeitet und die menschliche DNA vermessen und auch weitgehend entziffert haben.

Makukov und Shcherbak spekulieren, dass diese außerirdischen Vorfahren entweder unsere DNA benutzen wollten, um eine komplexe Botschaft zu bewahren, oder lediglich das Ziel hatten, Leben auf anderen Planeten zu säen. Sie glauben, dass es sich bei 97 Prozent der nicht-kodierten DNA-Sequenzen des Menschen um den genetischen Code außerirdischer Lebensformen handelt.[9] Diese Vorstellung stimmt vollkommen mit einer von Alcheringa übermittelten Information überein, wonach unsere DNA die Kodierung für eine unbekannte Anzahl außerirdischer Spezies enthält. Und genau das ist auch gemeint, wenn von einer lebenden Bibliothek auf der Erde die Rede ist, die Lebensformen aus dem ganzen Universum enthält. Die Wissenschaftler des Humangenomprojekts sind zu dem Schluss gekommen, dass die Menschen von einer höheren Macht entworfen wurden, als sie auf eine in unserer DNA kodierte »Reihe arithmetischer Muster und ideografischer Symbolsprache« stießen.[10]

Dies ist nicht das erste Mal, dass angesehene Wissenschaftler auf einen außerirdischen Ursprung des Lebens auf diesem Planeten hingedeutet haben. Einer der Mitentdecker der Doppelhelixstruktur der DNA, der Engländer Francis Crick, empfand die bloße Existenz von DNA als derart unwahrscheinlich, dass er es für plausibel hielt, davon auszugehen, das erste Leben auf der Erde sei von einer hochentwickelten Intelligenz gezielt und mit Absicht gesät worden. Die Komplexität des DNA-Codes mache es schwer zu ergründen, wie sie aus ein bisschen Erde und einfachen chemischen Stoffen entstanden sein könne, die in einem urzeitlichen Felstümpel herumwirbelten. Selbst wenn wir eine enorm lange Entstehungsphase zugestehen würden, bliebe die Frage, ob und wie DNA spontan hätte auftauchen können.[11]

Eine ins Auge fallende Anomalie ist, dass das Leben keinen besonders langen Zeitraum brauchte, um sich auf der Erde auszubreiten. Man hat berechnet, dass der Planet 4,6 Milliarden Jahre alt ist. Ursprünglich war unsere Welt ein Feuerball aus Magma und heißen giftigen Gasen, bis sich vor rund 4,5 Milliarden Jahren eine dünne Kruste zu bilden begann. Schier unglaublich, doch der erste Beweis fossilen Lebens, gefunden in einer kanadischen Felsformation, wurde auf 4,2 Milliarden Jahre zurückdatiert. Die Entdeckung in Kanada hat Wissenschaftler zu der Annahme geführt, dass Leben auf der Erde bereits vor 4,5 Milliarden Jahren entstanden ist, fast unmittelbar nach Bildung der Erdkruste.[12] Es hat beinahe den Anschein, als ob die Saat des Lebens bereits vor Ort war und nur auf die richtigen Bedingungen wartete, um zu keimen.

Dies ist exakt das Modell, das von Crick und anderen Akademikern, unter anderem Chandra Wickramasinghe, einem hochgeachteten Astrobiologen, favorisiert wird. Beide haben sie die Panspermie-Theorie weiterentwickelt. Für diejenigen, die mit dem Begriff Panspermie nicht vertraut sind: Er bezieht sich auf Leben auf der Erde, das aus Mikroorganismen oder chemischen Vorläufern entsteht, die im All präsent sind. Diese Moleküle lösen dann irgendwann spontan organisches Wachstum aus, sobald sie auf ein passendes Umfeld treffen. Auf Panspermie beruhende Modelle weisen manchmal darauf hin, dass die Vorläufer organischen Lebens im Inneren von Kometen durch den Kosmos treiben oder absichtlich von hochentwickelten Zivilisationen geschickt worden sein könnten.

In seiner wissenschaftlichen Abhandlung »Directed Panspermia«, 1973 in *Icarus* erschienen, einem internationalen Journal für Sonnensystemstudien, führt Francis Crick das Konzept der »gerichteten Panspermie« ein. Gemeinsam mit Leslie Orgel führt er aus: »Der verfügbare Zeitraum lässt es daher möglich erscheinen, dass schon vor Entstehung der Erde irgendwo im Weltraum technologische Gesellschaften existierten. Wir sollten daher eine neue ›ansteckende‹ Theorie in Erwägung ziehen, nämlich dass vorsätzlich eine primitive Form des Lebens von einer technologisch hochentwickelten Gesellschaft auf einem anderen Planeten auf der Erde gesät wurde.«

Crick erinnert uns daran, dass das DNA-Molekül für alles Leben auf diesem Planeten verantwortlich ist und es nicht multiple Ereignisse waren, die Leben auf der Erde möglich machten, wie man es erwarten würde, wäre die Entstehung von Leben chaotisch und zufällig gewesen. Wenn Leben potenziell überall und zu jeder Zeit spontan auftreten könnte, warum haben wir stattdessen den Beweis, dass alles Leben mit demselben einzelligen Organismus begann, beruhend auf identischen DNA-Strängen? Das Leben entstand nur einmal, und von da an breitete es sich rapide aus und entwickelte die Myriaden von Lebensformen, von denen wir wissen, dass sie existiert haben und bis heute existieren.

Die Vorstellung, dass intelligente Rassen beschlossen haben könnten, unfruchtbare Planeten zu besamen, vielleicht um sie für eine spätere Nutzung zu terraformen oder den Fortbestand ihres genetischen Codes nach einer örtlich bedingten Auslöschung zu sichern, entbehrt nicht einer gewissen Logik. Ebenso sehr kann die Verbreitung von Leben überall in der Galaxis ein langwährendes wissenschaftliches Experiment darstellen. Sollte letzterer Gedanke der Wahrheit entsprechen, könnte es auch bedeuten, dass außerirdische Wesenheiten ein Interesse am Prozess der Evolution haben, wie sie auf den Planeten stattfindet, die sie besamt haben, und sie vielleicht zuweilen besuchen, um den einen oder anderen Aspekt ihres Experiments zu überwachen oder in neue Bahnen zu lenken. Sollte die Erde eine riesige Petri-Schale sein, ist es vorstellbar, dass einige bedeutende Ereignisse in unserer Geschichte bewusst arrangiert wurden, statt lediglich durch eine Kette von Zufällen entstanden zu sein.

Es hat mehrere Entdeckungen gegeben, die die Idee bekräftigen, dass Außerirdische die Saat des Lebens ins All hinausschicken, wobei einzelne Samen vielleicht erst in jüngerer Zeit unseren Planeten erreicht haben. Anfang 2015 erklärte der Mikrobiologe Dr. Milton Wainright, sein Team habe aus der oberen Erdatmosphäre in sechsundzwanzig Kilometer Höhe eine winzig kleine Kugel geborgen, die aus einer Titan-Vanadium-Legierung bestand. Das Objekt war mit hoher Geschwindigkeit auf das Probenahmegerät der Forscher gestoßen, woraufhin ein fremdartiger orangefarbener Glibber auslief.[13] Hier sollte erwähnt werden, dass Vanadium in der Natur nur selten in seiner metallischen Form gefunden wird und dass es, wenn in geringen Mengen zusammen mit anderen Metallen benutzt, enorm starke Legierungen erzeugt.[14] Wainwright äußerte nach einigem Zögern die Vermutung, dass dieses Objekt ein Mechanismus sein könnte, das von einer unbekannten außerirdischen Spezies benutzt wurde, um Leben im All zu säen.

Wickramasinghe und Wainright gehören zu den vielen Wissenschaftlern, die demonstriert haben, dass Mikroorganismen von fragmentierten Kometen auf die Erde gebracht werden können, was unter Umständen zu Virusepidemien bei Menschen und Tieren führen kann. Es gibt bereits alarmierende Hinweise, dass außerirdischer Materialregen aus der Stratosphäre mit dem plötzlichen Auftauchen neuer Krankheiten in der Bevölkerung assoziiert sein könnte. Ob genetisches Material aus dem Weltraum tatsächlich die Ursache ist oder dass es Mutationen in existierenden Viren fördert, bleibt ein Diskussionsthema. Eine wachsende Anzahl von Wissenschaftlern ruft dazu auf, dieses Thema ernster zu nehmen.

Professor Edward Steele, Biologe und Immunologe an der C.Y. O'Connor ERADE Village Foundation in Australien, nahm diesbezügliche folgende Zusammenfassung vor:

»Im Laufe der letzten beiden Jahrzehnte hat die Erkenntnis an Boden gewonnen, dass ein horizontaler Gentransfer mit Hilfe von Viren eine Schlüsselrolle bei der Evolution spielen könnte. Der Vorgang des horizontalen Gentransfers müsste demnach weit

> über die Biosphäre unseres Planeten hinausgehen. Allein schon angesichts der gegenwärtigen Schätzung von mehr als hundert Milliarden bewohnbarer Planeten in unserer Galaxis würde eine solche Ausbreitung – die Gültigkeit von Panspermie vorausgesetzt – sehr vernünftig und nachvollziehbar erscheinen. In den letzten zehn Jahren hat es zunehmend Beweise dafür gegeben, dass Mikroorganismen gegenwärtig die Stratosphäre der Erde erreichen. Diese Möglichkeit einer kontinuierlichen Auswirkung mikrobiotischer und viraler Gene aus dem äußeren Universum auf die Erde könnte eine große Gefahr darstellen.«[15]

Viren und Zellen haben sich seit der Entstehung des Lebens auf dem Planeten Seite an Seite mit irdischen Organismen weiterentwickelt. Zellen, die sich weiterentwickeln, um ihre viralen Eindringlinge abzuwehren, führen zur Entstehung neuer Formen und Verhaltensweisen, da Viren Gene zwischen nicht verwandten Zellen hin- und her bewegen in einem Vorgang, den Wissenschaftler als horizontalen Gentransfer bezeichnen. Dieser Transfer erklärt die Anwesenheit von Genen innerhalb von Organismen, die nicht von einem direkten Vorläufer stammen, sondern von einer separaten Spezies oder einem anderen Mikroorganismus. Dieser Prozess hat eine wesentliche Rolle bei der Erschaffung der enormen Vielfalt des Lebens auf der Erde gespielt, wobei Viren und Bakterien neue Kodierungen auf die Genome eines Organismus übertragen.[16]

Wissenschaftler heben hervor, dass Viren ihre genetische Information sowohl mit RNA als auch mit DNA kodieren, in einsträngigen und doppelsträngigen Formen. Zellulares Leben benutzt nur doppelsträngige DNA, eine Tatsache, die manche Wissenschaftler vermuten lässt, dass Viren die Abkömmlinge uralter Lebensformen sind, die schon lange vor dem Erscheinen von DNA existierten.

Was hat DNA aber nun genau an sich, um die Theorie zu rechtfertigen, dass sie wahrscheinlich aus dem Weltraum auf die Erde kam, statt aus dem Chaos der Erdentstehung hervorgegangen zu sein?

Das DNA-Molekül ist unfähig, sich selbst zu bilden, es ist dazu auf Proteine angewiesen. Der Prozess bei Proteinen, sich in der richtigen Form anzuordnen, hängt wiederum von der Information ab, die in der DNA enthalten ist. Wir haben es hier mit einem Vorgang auf molekularer Ebene zu tun, der die Synthese zweier eindeutig hochkomplexer Systeme erfordert, die gleichzeitig auftreten müssen. Wenn wir an die mathematische Wahrscheinlichkeit denken, dass auch nur *ein einziges* Protein auftaucht, nimmt die ganze Sache schnell schwindelerregende Dimensionen an.

Jedes Protein besteht aus einer Auswahl von zwanzig Aminosäuren, in einer präzisen Form aufgereiht, um eine Kette zu bilden. Die Chance einer zufälligen korrekten Konfiguration liegt im Glücksfall bei 1 zu 10 bei 260 als Potenz, einer Zahl, die höher ist als die Gesamtsumme aller Atome im beobachtbaren Universum. Crick kam schließlich zu dem Schluss, es sei unmöglich, dass dieser hohe Grad an Komplexität auf Zellebene zufällig aufgetaucht sein könnte, vor allem in einer so kurzen Zeitspanne, wie es auf der Erde der Fall war. Was nicht bedeutet, dass alles Leben im Universum mit den gleichen Entstehungsschwierigkeiten zu kämpfen hatte, denn wir wissen nicht wirklich, ob alles Leben auf dem DNA-Molekül beruht. Es kann durchaus sein, dass Organismen ursprünglich in einer ganz anderen Form und mit einer eindeutigen Basis aufgetaucht sind, wobei Wesen, die sich auf dieser Basis entwickelt haben, später das DNA-Molekül entwickelten.

Ohne Frage ist es unsinnig zu glauben, dass ein solches System spontan aufgetaucht sein könnte, vor allem wenn man bedenkt, dass es auf zwei komplexe molekulare Vorgänge und eine komplexe Sprachstruktur aus den vier Nukleinbasen Guanin, Thymin, Cytosin und Adenin angewiesen ist, kombiniert mit zwanzig Aminosäuren. Außerdem ist ein Übersetzungsmechanismus erforderlich, und die Proteine selbst sind in der Sprache der DNA kodiert. Obendrein scheint es der Intuition zu widersprechen, dass Funktionalität und Code der DNA vollkommen unverändert bleiben, während sich das Leben kontinuierlich weiterentwickelt.

Die Vermutung, dass DNA auf der Erde gesät wurde, würde für die Möglichkeit sprechen, dass Leben im Laufe einer wesentlich längeren Periode auf diesem Planeten entstanden ist und nicht in dem Zeitraum, der in kosmischen oder selbst geologischen Begriffen nur ein kurzer Augenblick ist. Das Leben könnte mit Organismen begonnen haben, die keineswegs auf DNA beruhen, sondern dass DNA vielmehr von hochentwickelten Zivilisationen als Methode entwickelt wurde, neue Welten zu terraformen, mit anderen Worten zu fruchtbarer Erde zu machen, die sie bevölkern können. Der DNA-Code bietet praktisch unendliche Möglichkeiten in Bezug auf die Organismen, die er bilden kann, und auch in Bezug darauf, für welche Umgebungen er das Leben formt.

Als lebenslanges Medium und als jemand, der sich mit Schamanismus auskennt, wäre es nicht richtig von mir, die Tatsache unerwähnt zu lassen, dass nicht nur mir, sondern bereits einer beträchtlichen Anzahl von Medien und Schamanen die Information zuteil wurde, dass außerirdische Wesen ihre Saat auf der Erde ausgebracht haben. In den 1990er Jahren bis Anfang der 2000er hat die Amerikanerin Barbara Marciniak mehrere Bücher geschrieben, in denen sie ihr Wissen weitergibt, dass DNA von Wesenheiten – »Planer« genannt – auf die Erde geschickt wurde. Die Planer erklären mittels ihrer außersinnlichen Kommunikation, dass die Erde eine lebendige Bibliothek ist, die sowohl genetische Codes für das Leben auf der Erde speichert als auch Informationen über ein breites Spektrum galaktischer Spezies – genau wie Alcheringa es Valerie mitgeteilt hatte.

Michael Harner, ein berühmter ehemaliger Anthropologe, der heute Schamanismus praktiziert, beschreibt ein visionäres Erlebnis, das er unter Einwirkung der psychedelischen Droge Ayahuasca hatte, in dem ihm fremdartige drachenähnliche Kreaturen gezeigt wurden, die aus dem Weltraum auf die Erde fielen. Diese Wesenheiten informierten ihn, dass sie einer Verfolgung durch Feinde in den Weiten des Alls entkommen waren. Dann zeigten ihm die Außerirdischen, wie sie das Leben auf der vorzeitlichen Erde erschaffen hatten in der Absicht, ihre Gegenwart zu verschleiern, indem sie sich in ihren Kreationen versteckten, auch im Inneren von Menschen. Später erkannte Harner, dass der Hinweis dieser Kreaturen, sich in allen möglichen Lebensformen zu verstecken, sich auf das DNA-Molekül beziehen könnte angesichts der Tatsache, dass es in allen Organismen enthalten ist. Die Wesen verstanden sich als Herrscher des Planeten und sahen Menschen lediglich als Behälter, in die sie schlüpfen konnten, und als Diener. Die Kommunikation zwischen Harner und diesen Wesenheiten schien aus dem niederen Bereich seines Gehirns hochzukommen, bekannt als Reptilien-Hirnstamm – der primitivste Teil des neurologischen Systems beim Menschen.[17]

In der Folge berichtete Harner einem angesehenen Conibo-Schamanen von seinem Erlebnis, der die beschriebenen Wesenheiten erkannte und ihre Herrschaft über die Erde verneinte, indem er klarstellte, dass sie nur die »Meister aus der entferntesten Dunkelheit« waren, wobei er mit der Hand Richtung Himmel wies. Harner hatte die Tatsache nicht erwähnt, dass die Wesenheiten aus dem Himmel »gefallen« waren, was seinen Nerven beträchtlich zugesetzt hatte. Als er mit einem ihm bekannten bibeltreuen Missionar über die Visionen sprach, reagierte dieser mit der Geschichte von Satan, der von Erzengel Michael besiegt wurde und in der von einem Krieg im Himmel die Rede ist, nach dessen Ende der Drachen und seine Engel auf die Erde verbannt wurden, wo sie von dort an die ganze Welt täuschten. Harner, ein Atheist, war total verblüfft über die augenscheinliche Überlappung der biblischen Erzählung mit seiner eigenen Erfahrung.

Aber es gibt nicht nur substanzielle Beweise, dass die DNA von hochentwickelten außerirdischen Zivilisationen auf der Erde gesät wurde, sondern auch wissenschaftliche Daten, die dafür sprechen, dass es sich beim *Homo sapiens* nicht allein um die entfernten Nachfahren von Sporen handelt, die auf diesen Planeten gebracht worden sind, sondern dass sie auch vor relativ kurzer Zeit von Besuchern dieser Welt auf der Grundlage eines auf der Erde vorgefundenen Wesens unmittelbar entworfen wurden. Wir werden diesen Beweis später genauer unter die Lupe nehmen. Als Erstes müssen wir versuchen zu verstehen, wie außerirdische Wesenheiten überhaupt in der Lage gewesen sein könnten, zu unserem Planeten zu reisen.

5

Warp-Antrieb und Wurmlöcher

»Wir bewegen uns hin zu diesen Energiemustern. Es ist ein Sternentor. Dieses Sternentor besteht aus zwei Spiralgebilden, und wir warten auf den richtigen Moment, um uns hineinzubegeben.«

Wenn es möglich gewesen sein soll, dass außerirdische Wesenheiten überhaupt irgendeine Rolle in der Vorzeit der Erde spielten, müssen sie über hochentwickelte Technologien verfügt haben, die alles weit in den Schatten stellten, was Menschen heute zur Verfügung haben, oder zumindest beträchtlich über das hinausgehen, was der Öffentlichkeit bisher bekannt ist. Zugegeben, ich werde keine eindeutigen Beweise dafür anbieten können, auf welche Weise Außerirdische die Erde erreicht haben, aber wir sollten doch einmal der Wahrscheinlichkeit vorzeitlicher Besuche auf unserem Planeten nachgehen, indem wir einen Blick auf einige theoretisch durchaus mögliche Raumfahrt-Technologien werfen.

Meine Generation wuchs in einer Zeit heran, die als Weltraumzeitalter bekannt wurde. Ich kam ein paar Monate, nachdem *Viking 1* die ersten Bilder vom Mars zurück auf die Erde gefunkt hat, zur Welt und habe natürlich als interessierter Außenstehende eine Reihe der nachfolgenden Entwicklungen miterlebt, einschließlich erfolgreicher Satelliten-Forschungsmissionen zu allen in relativer Nähe gelegenen Planetensystemen. Bis vor kurzem war die Menschheit auf Raketentechnologie beschränkt, die sich als unzureichend erwiesen hat, um direkte Forschungen auf den Planeten in unserem Sonnensystem durchzuführen. Bis heute ist die Landung auf dem Mond unsere einzige Erfolgsstory.

Erst in den letzten paar Jahren hat die NASA ein neues Antriebssystem getestet, bekannt als elektromagnetischer oder EM-Antrieb, was zu unzähligen hitzigen Debatten unter Physikern geführt hat, da dieser neue Antrieb die anerkannten Regeln auszuhebeln scheint, indem er Stöße produziert, ohne Treibstoff zu benutzen. Manche Kalkulationen legen nahe, dass – sollte der EM-Antrieb funktionieren wie erhofft – Astronauten in nur siebzig Tagen den Mars erreichen könnten. Die chinesische Regierung behauptet, bereits einen funktionierenden Prototyp dieses Antriebssystems zu besitzen, und andere Gruppen sind dabei, ihre eigenen Versuche mit dieser neuen Technologie zu planen.[18]

Darüber hinaus untersuchen Wissenschaftler das Potenzial von nuklear-thermischen und nuklear-elektrischen Antriebssystemen, die uns in einer rund tausendjährigen Reise zu Proxima Centauri bringen könnten, dem unserer Sonne mit etwas mehr als vier Lichtjahren nächstgelegenen bekannten Stern. Vergleichen Sie das einmal mit dem heute benutzten elektronischen Ionenantriebssystem, das beschleunigte Ionen als Impuls benutzt, was eine Reise von 81.000 Jahren zu demselben Sternensystem erfordern würde.

Mehrere theoretische Antriebssysteme könnten unsere Reise durch den Weltraum potenziell beschleunigen, darunter der nukleare Pulsantrieb, Fusions-Raketen, Fusions-Staustrahltriebwerke, Lasersegel und Antimaterie-Maschinen. Doch leider werden gegenwärtig noch alle diese Systeme durch ein breites Spektrum technischer Probleme verhindert. In manchen Fällen würden wir ein riesiges Raumschiff mit gewaltigen Reserven eines hochspezialisierten Treibstoffs benötigen, in anderen könnte alles verfügbare Geld auf dem Planeten die Baukosten nicht decken, oder es wäre mehr Energie nötig, als der ganze Planet aufzubringen vermag. Wobei durchaus vorstellbar ist, dass diese Antriebsmöglichkeiten eines fernen Tages realisierbar sein könnten, wenn die menschliche Technologie einen erheblich höheren Entwicklungsstand erreicht haben wird.[19]

Es gibt zwei theoretische Technologien, die sich anhören, als wären sie direkt mit der Plejaden-Story verbunden. Da wird beschrieben, wie das Mutterschiff sich fortbewegt, was auf etwas Ähnliches wie einen Alcubierre-Antrieb hindeutet:

> »Wir bewegen uns nicht in das Sternentor hinein, wir sind übergangslos durch. Es gibt keine lineare Bewegung als solche, wir sind einfach plötzlich da.«[20]

Der Alcubierre-Antrieb ähnelt den Warp-Antriebssystemen, die in der Fernsehserie *Star Trek* beschrieben werden. Diese Technologie erschafft eine Art Blase im Raum-Zeit-Kontinuum, in der das Raumschiff wartet, während der Raum sich krümmt und um das Fahrzeug herumlegt, was bedeutet, dass das Ziel zum Raumschiff gebracht wird statt andersherum. Da das Raumschiff nicht fliegt, können bestimmte Probleme im Hinblick auf Zeitdilatation (Unterschiede im Zeitverlauf aufgrund von Geschwindigkeit) vermieden werden. Der andere interessante Punkt hier ist, dass die Passagiere ihr Ziel schneller als mit Lichtgeschwindigkeit erreichen würden, wobei das Raumschiff selbst nie die Lichtmauer durchbricht (und damit die Gesetze der Physik aufrechterhält).

Dieses Warp-Antriebssystem ist zweifellos eine äußerst wirkungsvolle Technologie: Wenigstens eine der von mir erforschten Quellen deutet an, dass eine Reise mit dem Alcubierre-Antrieb nach Proxima Centauri keine vier Jahre dauern würde, während andere Wissenschaftler dies als eine vorsichtige Schätzung betrachten. Bruce bat William Brown, den führenden Physiker der Resonance Science Foundation, um seine Meinung hinsichtlich dieses Antriebssystems.

Zum Glück war Brown bereit, eine detaillierte Zusammenfassung der Arbeitsweise und potenziellen Fähigkeiten des Warp-Antriebssystems anzubieten. Seiner Meinung nach gibt es tatsächlich kein Limit dafür, wie schnell Sie an Ihrem Ziel ankommen können. Weil Sie sowohl Zeit als auch Raum (das Raum-Zeit-Kontinuum) krümmen, wird diese Technologie automatisch zu einer Zeitreise. Indem die Entfernung zwischen zwei Punkten reduziert wird, verändert sich auch der mit der Reise verbundene Zeitraum drastisch. Unter Berücksichtigung der Relativität würden die Passagiere auf einem Raumschiff mit Alcubierre-Antriebssystemen zwangsläufig in der Vergangenheit des Zielortes ankommen (relativ zur gegenwärtigen Zeit des Abflugortes). Das hört sich sehr befremdlich an, was es auch ist, aber vergessen Sie dabei nicht, dass Sie nicht den physischen Raum krümmen, sondern die Raumzeit und auf diese Weise die Quanten-Substruktur des Universums ansprechen.

Und obgleich es außer Zweifel steht, dass ein Alcubierre-Antrieb sich sehr gut eignen würde, Wesen von den Plejaden zur Erde zu bringen, gibt es einige Gründe, in Zweifel zu ziehen, ob dieses System in der Geschichte, mit der wir uns hier beschäftigen, wirklich benutzt wurde. Beide Zitate aus Valeries Buch, die ich hier wiedergegeben habe und die sich auf ein Sternentor als Teil des Antriebssystems beziehen, mit dem das Raumschiff unseren Planeten erreichen konnte, weisen stark auf eine andere Form theoretischen Reisens hin. Brown erklärt, dass ein Zusammenziehen oder die Verzerrung des Raum-Zeit-Kontinuums jenseits einer bestimmten Dichte ein *Wurmloch* erschafft und den »ultimativen Transport-Mechanismus« darstellt, weil er Punkt A mit Punkt B verbindet. Das ermöglicht eine Reise, in der es »keine lineare Bewegung« gibt und man keinen bestimmten Zeitraum benötigt, sondern »einfach plötzlich da« ist.[21]

Aber was genau ist ein Wurmloch, und wie soll es möglich sein, dass Wesen damit durch das Universum reisen?

Vor etwas mehr als einem Jahrhundert erkannte der österreichische Physiker Ludwig Flamm, dass die Gleichungen der Relativitätstheorie die Existenz Weißer Löcher zuließen, eine Art Zeitumkehr und damit das Gegenteil Schwarzer Löcher. Zugänge zu einem Weißen oder Schwarzen Loch könnten potenziell durch einen Raum-Zeit-Kanal miteinander verbunden werden. Diese Lösung der theoretischen Mathematik wurde später von Einstein und dem Physiker Nathan Rosen weiterentwickelt. Sie kamen zu dem Schluss, dass es Brücken zwischen Punkten in der Raumzeit geben könnte, Abkürzungen für lange Reisen durch das Universum, die sowohl die Entfernung als auch die erforderliche Zeit reduzierten. Das hätte den zusätzlichen Vorteil, die Wirkungen von Zeitdilation in Verbindung mit extremer Geschwindigkeit zu mindern. Bei regulären Raumfahrten mit hoher Geschwindigkeit verginge die Zeit für die Wesen am Abflug- und am Zielort viel schneller als für die Passagiere des rasch beschleunigenden Sternenschiffs.[22]

Dieses ungewöhnliche theoretische Objekt wurde als Einstein-Rosen-Brücke bekannt, wird im Volksmund aber meistens einfach als Wurmloch bezeichnet. Wir müssen dabei im Auge behalten, dass Einsteins Allgemeine Relativitätstheorie mathematisch die Existenz von Wurmlöchern vorhersagt. Dankenswerterweise müssen wir nicht alle diese komplizierten Gleichungen selbst lesen!

Obwohl Astronomen bis heute noch kein Wurmloch entdeckt haben, gilt als wahrscheinlich, dass die Zugänge rund sind, mit einem langen Tunnel dazwischen, der entweder gerade ist oder verdreht wie eine sich windende Schlange. Natürlich auftretende Wurmlöcher wären vermutlich sowohl unendlich klein als auch unglaublich instabil. Jedes für Reisen durch den Kosmos geeignete Wurmloch müsste höchstwahrscheinlich von einer enorm hochentwickelten Technologie künstlich erschaffen werden.

Forschungen im Bereich der theoretischen Physik deuten darauf hin, dass ein Wurmloch, das ›exotische Materie‹ enthält, über lange Zeitperioden offen und unverändert bleiben könnte. Zu exotischer Materie gehören negative Energiedichte und ein gewaltiger negativer Druck, doch wurde diese Art von Material bisher nur indirekt im Verhalten bestimmter Vakuum-Zustände als Teil der Quantenfeldtheorie gemessen. Aber vielleicht könnten einige außerirdische Rassen ja in der Lage sein, die nötige Menge exotischer Materie für Weltraumreisen zu produzieren?

Wenn wir auch nicht auf unmittelbare Zeugenberichte von Menschen hoffen können, die bei der Ankunft des plejadischen Mutterschiffs dabei waren, gibt es doch mündlich überlieferte Geschichten und Berichte später erfolgter Besuche von Plejadern auf der Erde. Diese uralten Legenden findet man in verschiedenen Kulturen überall auf der Welt, und wir werden uns hier kurz ein paar Beispiele anschauen.

Wilfred Buck, ein wissenschaftlicher Ausbilder der Opaskwayak Cree Nation, eines indigenen Indianerstammes in Kanada, berichtet, dass seine Stammesgruppe beim Blick hinauf zum Orion einen großen Trickster am Himmel sieht und dass dieses Sternenwesen in Richtung der Plejaden deutet. Die Cree-Indianer behaupten, dass an der Stelle, wo sich die Plejaden befinden, ein Loch im Himmel existiert, die Verbindung unseres Planeten zum Kosmos.

Nach Meinung von Buck bezieht sich diese Geschichte auf ein Beispiel für eine räumliche Anomalie, die der modernen Wissenschaft als Wurmloch bekannt ist.

In Bucks Wiedergabe der alten Legende wurden die Menschen aus dem Loch im Himmel an einem einzigen dünnen Faden von Mutter Spinne auf die Erde hinuntergelassen. »Wir kommen ursprünglich von den Sternen, wir sind Sternenmenschen«, sagt Buck und fügt hinzu: »Die Genesis-Mythologien stimmen darin über, dass dies der Ort ist, von dem wir herkommen. Wir kommen von jenen Sternen, wir sind verwandt mit jenen Sternen. Sobald wir die Aufgabe zu Ende gebracht haben, für die wir hierhergekommen sind, kehren wir zurück zu jenen Sternen.«[23]

Die Cree sind in der Tat nicht die einzige indigene Bevölkerung, die sich auf eine ursprüngliche Verbindung zu den Plejaden beruft. Das gleiche Thema findet man in Kulturen des gesamten amerikanischen Kontinents, einschließlich der Hopi, Dakota und Maya. In anderen Teilen der Welt finden wir die gleichen Aussagen bei den Balinesen und Tana Toraja (in Indonesien) sowie den Japanern und Taiwanesen. Alle australischen Stämme der Aborigines besitzen Traum-Überlieferungen über die Plejaden, und viele handeln von einem Ereignis, das die Menschen auf die Erde brachte und mit diesen Sternen sowie sieben Schwestern assoziiert ist, die von den Plejaden hierherkamen. Man sollte nicht vergessen, dass australische Aborigines die Bewahrer der ältesten anerkannten und am tiefsten in mündlicher Überlieferung verwurzelten Kultur der Welt sind. Wir wissen tatsächlich nicht, wie alt einige der Aborigine-Traumgeschichten wirklich sind. Wäre es möglich, dass sie sogar Hunderttausende von Jahren zurückreichen?

An dieser Stelle möchte ich gern einen zusätzlichen Faden der vorliegenden Story aufnehmen, der mit dem britischen Forscher Leonard Farra zusammenhängt. Wir haben schon seit einiger Zeit eine persönliche Beziehung mit Leonard, er hat mehrere Artikel zu unseren Webseiten beigetragen und uns zwei seiner Bücher geschickt. Über Verbindungen zwischen antiken Kulturen und den Plejaden hat er sogar eine

Buch-Trilogie geschrieben. Selbst Menschen, die mit seiner Arbeit vertraut sind, ist vielleicht nicht bekannt, dass dieses Projekt durch ein Erlebnis während eines medialen Kreises des englischen Mediums Gerry Sherrick inspiriert wurde, das Leonard nachhaltig beeindruckte. Manche von Ihnen wissen vielleicht, dass Gerry Sherrick als Experte für übernatürliche Ereignisse mit dem Enfield-Poltergeist-Fall in London zu tun hatte, der vor ein paar Jahren unter dem Titel *The Enfield Haunting: Unsichtbare Besucher* als dreiteilige TV-Serie verfilmt wurde.

Seine Sessions mit Sherrick sind detailliert in Leonards erstem Buch *Genesis Seven* beschrieben, in dem er Botschaften eines vor langer Zeit verstorbenen mexikanischen Dorfältesten wiedergibt. Dessen Geist sagte der Gruppe – durch Sherrick –, dass er zu einer Zeit gelebt habe, in der sieben untertassenähnliche Raumschiffe in der Nähe seines Dorfes gelandet seien, vor vielen Jahrhunderten. Die menschenähnlichen außerirdischen Wesen, die herauskamen, seien hochgewachsen gewesen, von heller Hautfarbe, mit vielen fortgeschrittenen Technologien ausgestattet, und hätten die Telepathie beherrscht. Der Anführer der Besucher habe ihm mitgeteilt, dass sie von den Plejaden gekommen seien, doch später wurde dann erklärt, dass sie »von jenseits der Zeitmauer« stammten.

Es gibt einige Überschneidungen zwischen den Beschreibungen und Enthüllungen, die Leonard von diesen Sessions mit Sherrick übermittelt, und denen, die in Valeries Buch wiedergegeben werden, zum Beispiel die Erwähnung eines Geräts, das auf der Stirn getragen wird und als Kommunikationshilfe dient, was bei Valerie einem Kommunikationskristall entspricht, den sie in ihrer Rückführungserinnerung erwähnt und der an ihrem

Kopf befestigt gewesen sein soll. Weitere unmittelbare Beziehungen sind darin zu sehen, was diese Wesenheiten zurückgelassen haben, bevor sie wieder verschwanden.

Die Sternenmenschen sagten nämlich dem Dorfältesten, dass ihm ein Gerät gegeben werde, mit dem er sie kontaktieren könne. Außerdem informierten sie ihn, dass die Samen der Reisenden aus dem All in die Gebärmutter der Töchter des Dorfes gesät werden sollten, »damit große Führer geboren werden«, und dass dies die Menschheit aus ihrem damaligen Zustand weiterentwickeln würde. Die Besucher teilten dem Ältesten mit, dass die Frauen des Dorfes demnächst Kinder zur Welt brächten, die nicht wie Mitglieder seines Stammes aussehen und »hochgewachsen« beziehungsweise hochgeboren sein würden.[24]

In seiner Buch-Trilogie *The Pleiades Legacy* kann man noch sehr viel mehr über Leonard Farras Nachforschungen auf der ganzen Welt erfahren. Die einzelnen Bände tragen die Untertitel *The Stone Age: The Return of the Gods* sowie *The Old World* und *The New World.* Aber die eben genannten Informationen finden Sie nur in seinem mittlerweile vergriffenen Frühwerk *Genesis Seven.* Leonard war so beeindruckt von seinen ersten Erfahrungen mit der Medialität, dass er sich auf eine lebenslange Suche nach Beweisen für diese außerirdischen Besuche in der lange zurückliegenden Vergangenheit machte.

Ich muss gestehen, als Leonard uns ein Exemplar von *Genesis Seven* zukommen ließ, war ich nicht wenig erschrocken. Die Überschneidungen mit den Informationen, die bei den Sherrick-Sessions gechannelt wurden, und den Dingen, die mir bei meinen persönlichen Zeit-Verzerrungen begegneten, sind wirklich atemberaubend. Während Sherrick Details über die Ankunft der Zeitreisenden von den Plejaden und ihre Besamung der Frauen vor Ort erhalten hatte, war ich persönlich Zeugin der Nachwirkungen geworden, im Beisein riesiger Plejaden-Mensch-Hybriden, den Anführern vor Ort. Es fällt schwer, dies nicht als die Aktivität einer höheren Intelligenz zu sehen, die meisterhaft die Stücke eines Puzzles um mich herum zusammenfügt. Angelegenheiten wie diese sind nichts, was man einfach als Zufall abtun könnte, denn es gibt das offensichtlich intelligente Anordnen von Ereignissen und Arrangieren wesentlicher Zusammenhänge. Jemand oder etwas ist allem Anschein nach dabei, mich beim Zusammensetzen dieser Beweise zu unterstützen.

Ich muss gestehen, dass es mich nicht im Geringsten überrascht, dass die Reisenden von den Plejaden Kontrolle über eine Raum-Anomalie in Form eines Wurmlochs haben könnten, die ihnen nicht nur augenblickliches Reisen ermöglicht, sondern auch das Zeitreisen. Bei vielen Gelegenheiten während meiner eigenen schamanischen Reisen in die Vergangenheit wurde mir erklärt, dass die Plejader ebenso Raumfahrer wie Zeitreisende waren. Die Tatsache, dass Sherrick mitgeteilt wurde, diese menschenförmlichen Wesen seien von »jenseits der Zeitschranke« gekommen, ergibt für mich in diesem Zusammenhang vollkommen Sinn.

Wenn Sie nur ein wenig mehr über die antike Maya-Kultur wissen, wird Ihnen nicht unbekannt sein, dass die Maya eine bizarre Vorliebe für das Aufzeichnen und Berechnen großer Zeitspannen hatten. Nicht nur kannten sie mehrere unterschiedliche Kalendersysteme, diese wurden auch in Wechselwirkung zueinander eingesetzt, um viele verschiedene zyklische Perioden nachvollziehen zu können, und sie waren letzten Endes auf das Siebengestirn der Plejaden am irdischen Himmel ausgerichtet. Der berühmte Lange Kalender folgt einem Zyklus von einem *baktun* oder 5.125 Jahren. Es ist bekannt, dass fünf *baktun* 25.625 Jahre umfassen, fast so viel wie eine komplette astronomische Lunisolarpräzession von ungefähr 26.000 Jahren – wie man das durch die Anziehung von Sonne und Mond bewirkte Fortschreiten der Tagundnachtgleiche-Punkte der Erde auf der Ekliptik nennt. Für eine uralte Kultur scheint dies vielleicht ein ziemlich außergewöhnliches Interesse zu sein, doch wenn Sie sich manche der Zeiteinheiten anschauen, die von den Maya benutzt wurden, wird das Ganze noch um ein Vielfaches befremdlicher.

Vergessen Sie nicht, dass die Kultur der Maya zweitausend Jahre oder länger bestand und dass sie Maßeinheiten wie das *Kalabtun* von 157.704 Jahren benutzten, das *K'inchiltun* von 3.154.071 Jahren und das *Alautun*, eine unglaublich lange Periode von 63.081.429 Jahren. Erscheint es nicht zumindest ein bisschen ungewöhnlich, dass die frühen post-neolithischen, Low-tech-Maya-Menschen Begriffe für eine Periode verwendeten, die zurückreicht in eine Zeit, als unsere Säugetier-Vorfahren die Erde von den Sauriern erbten? Und offenbar gibt es nicht nur diese eigenartig weit zurückreichenden Zeitspannen, in vielen Fällen sind auch Daten auf Monumenten eingraviert, die Ereignisse in der Zukunft zu zelebrieren scheinen, Dinge, die erst nach Ablauf von mehreren zigtausend Jahren eintreten würden. Auf diese Weise zeigt ein näherer Blick auf die alte Kultur der Maya neben den alltäglichen Abläufen einer megalithischen Gesellschaft von Menschen die Fingerabdrücke zeitreisender Wesen. Ich habe gerade einige Zeitspannen genannt, in die sich ihr Kalendersystem untergliederte. Ist es nicht verwunderlich, dass zum Beispiel ein *Kalabtun* die Zeitspanne abdeckt, in der sich der moderne Mensch aus dem archaischen *Homo sapiens* entwickelte, während ein *K'inchiltun* uns ungefähr zu den Anfängen des Genus *Homo* zurückbringt? Ich will es dabei belassen – ein separates Buch wäre erforderlich, um dieses Thema sowie meine persönlichen Erfahrungen mit der antiken Maya-Kultur gebührend zu erforschen.*

Ich glaube, wir haben auf einleuchtende Weise Verknüpfungen zwischen den indigenen Menschen des amerikanischen Kontinents und den Plejaden sowie die Möglichkeit von Wurmlöchern festgestellt. Geschichten aus der ganzen Welt behaupten so ziemlich alle das Gleiche, und Aborigines in sämtlichen Teilen des Kontinents kennen alte überlieferte Geschichten über sieben Schwestern von den Plejaden, die einst die Erde besucht haben und zudem häufig von einem mit dem Sternbild Orion in Verbindung gebrachten Jäger verfolgt wurden. Statt von Spinnweben und kosmischen Fäden, die zu unserer Welt hinabreichen, spricht die Aborigine-Folklore jedoch von Wesen, die sich durch magische Tunnel bewegen, auf magisch sich verlängernden Bäumen emporsteigen oder riesige Taue benutzen.[25] All diese Methoden zur Rückkehr ins Weltall weisen strukturell eine frappierende Ähnlichkeit mit dem auf, was Wissenschaftler als Wurmlöcher bezeichnen.

Entscheidend ist, dass im Bereich der bekannten Physik die Möglichkeit besteht, dass technologisch hochentwickelte Au-

* Mehr über die Funktionsweise der alten Mayakalender erfahren Sie in dem Buch *Die heilige Kultur der Maya: Ihre atlantische Herkunft, das Kalendersystem und seine Ausrichtung auf die Plejaden*, erschienen im AMRA Verlag. Geschrieben wurde es von dem inzwischen leider verstorbenen Hunbatz Men, einem Maya-Ältesten der Halbinsel Yucatán.

ßerirdische ein Wurmloch erschaffen und von einem weit entfernten Stern zur Erde reisen können. Und so ist es keineswegs erstaunlich, dass antike Kulturen Besucher aus dem All von jenseits der Zeitmauer beschreiben, die durch Tunnel, Schlangenseile, magische Baumstämme und andere Methoden hier ankommen, denn all das hört sich wie die Beschreibungen von Laien über dazu erforderliche Verwerfungen an, wie sie in die Struktur von Raum und Zeit gerissen werden.

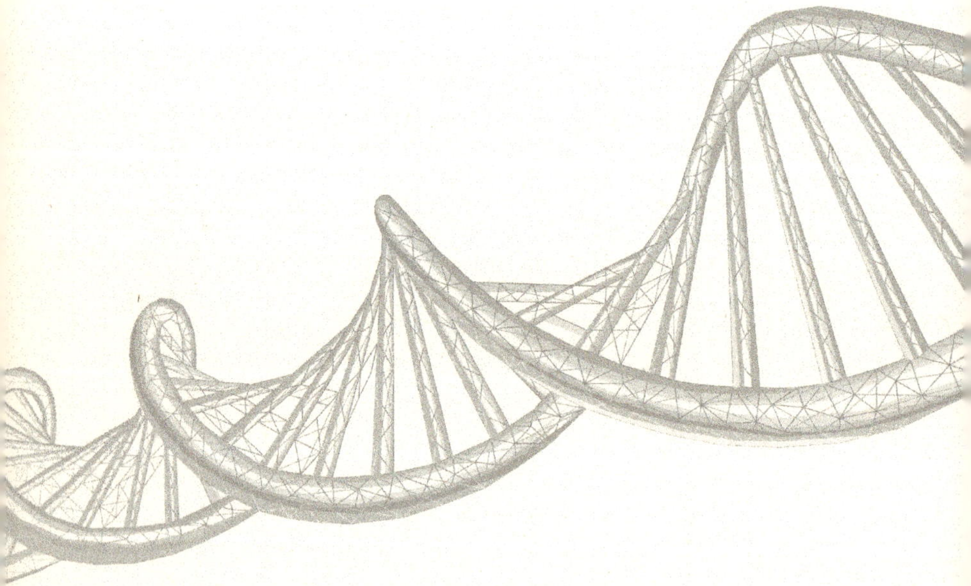

6

Das fühlende Mutterschiff und seine Tränen aus Glas

»Wissen Sie, ob Teile des Mutterschiffs auf die Erde gekommen sind?«

»Es ist irgendwie geschmolzen. Überall lagen Stücke herum.«

Wir haben bereits potenzielle außerirdische Technologien kennengelernt, außersinnliche Kommunikation erforscht und sind sogar durch Raum und Zeit gereist. Darüber hinaus haben wir deutliche Beweise dafür vorgelegt, dass Leben auf der Erde gesät wurde. Indizien wurden von Personen beigesteuert, die gesehen haben, wie am Himmel über ihnen Wurmlöcher aufrissen. Doch trotz all dieser Informationen haben wir noch keine soliden wissenschaftlichen Nachweise der erstaunlichen Besucher-Story erbracht. Wir verstehen allerdings, dass jedes Kontaktereignis mit einer ungewöhnlichen, hochentwickelten außerirdischen Intelligenz facettenreich und von Natur aus komplex sein muss. Dies scheint mir der richtige Moment zu sein, den augenfälligen Beweis anzutreten, auf den Sie mit Sicherheit schon gewartet haben: Die Zeit ist reif für eine Enthüllung.

Vielleicht erinnern Sie sich, dass das Plejaden-Mutterschiff als riesig beschrieben wurde, mit einer Besatzung von ungefähr 50.000 Wesen. Es war auch kein metallisches Gefährt, das an unsere heutigen Shuttles und Raketen erinnern würde. Vielmehr handelte es sich eher um eine Art gewaltige Untertasse, gewachsen aus einem kristallinen Material. Von Silizium wissen wir, dass es essenzielle Eigenschaften für hochentwickelte Informationstechnologien besitzt und beim Einbau in Computernetzwerke sowohl die Speicherung als auch die Verarbeitung von Daten ermöglicht. Die kristalline Struktur des Fahrzeugs erlaubte, dass die Superstruktur des Gefährts mit einer Form von Bewusstsein erfüllt war, einer hochentwickelten und sich ihrer selbst bewussten Intelligenz.

In einem früheren Kapitel wurde bereits erwähnt, dass führende Wissenschaftler angedeutet haben, hochentwickelte außerirdische Wesen könnten Kristall-Netzwerke benutzen, um hoher Intelligenz einen Rahmen zu geben, daher können wir davon ausgehen, dass es so sein könnte. Dies ist genau die Art von Technologie, von der wir hören würden, falls Außerirdische auf der Erde eintreffen sollten!

Ich möchte an dieser Stelle kurz auf einen Abschnitt des alten hebräischen religiösen Textes hinweisen, bekannt als das *Buch Henoch.* Traditionell wird dieses Buch der biblischen Gestalt Henoch zugeschrieben, dem Urgroßvater von Noah.

Vielleicht haben Sie schon gehört, dass Astronautentheoretiker – darunter auch Erich von Däniken – behaupteten, der Text von Henoch beschreibe Interaktionen mit Sternenwesen, die in einer Zeit vor der ›Sintflut‹ die Erde besucht haben. Wir können nicht beweisen, dass Henoch Außerirdischen begegnet ist, doch ich denke, der folgende hervorgehobene Passus weist eine große Ähnlichkeit mit der Beschreibung des Plejaden-Mutterschiffs auf.

> »Sie hoben mich hinauf zum Himmel. Ich stieg immer höher, bis ich an eine Mauer gelangte, die aus Kristallsteinen gebaut und von einer vibrierenden Flamme umgeben war, deren Anblick mich mit Panik erfüllte. In diese vibrierende Flamme begab ich mich hinein; und kam in eine weiträumige Behausung, auch sie mit Steinen aus Kristall gebaut. Sowohl ihre Wände als auch der Bodenbelag bestanden aus Kristallen, und der Untergrund ebenso. Ihr Dach schien aus sich bewegenden Sternen und Blitzen gemacht zu sein; und dazwischen waren Cherubim aus Feuer an einem sturmgepeitschten Himmel. Eine Flamme brannte an den Wänden; und der Eingang loderte wie ein Feuer. Als ich diese Behausung betrat, war sie so heiß wie Feuer und kalt wie Eis. Es gab keinerlei Spuren von Freude oder Leben. Panik überwältigte mich, und furchtsames Schaudern ergriff mein ganzes Wesen.«[26]

Die von Henoch überlieferte Beschreibung hört sich ganz danach an, als wäre er in einem kristallinen Gefäß befördert worden, einem von machtvollen Energieschilden umgebenen Raumschiff. Könnte es sein, dass hier etwas beschrieben wird, bei dem es sich um Details der bereits erwähnten plejadischen Technologien handelt?

Unter Berücksichtigung all dieser Argumente müssen wir uns daher jetzt die zentrale Frage stellen: Ist vor ungefähr 900.000 Jahren ein riesiges, empfindungsfähiges Mutterschiff über der Erde angekommen, nur um in der irdischen Umlaufbahn zerstört zu werden?

In ihrem *Alcheringa*-Buch legt Valerie die Möglichkeit nahe, dass nach der Zerstörung des Mutterschiffs – der *Rexegena* – in der Erdumlaufbahn (vor rund 900.000 Jahren) der Hauptteil des Raumschiffs auf die Erde stürzte und zu Moldavit wurde. Es steht außer Frage, dass Moldavit, ein durchsichtiges grünes Tektitglas, ein einzigartiges Material ist. Zudem ist es mit Sicherheit das Resultat eines massiven Objckts, das aus dem All auf die Erde stürzte. Moldavit wird seit langem als ein machtvolles Instrument für spirituelles Erwachen betrachtet und sogar in den Legenden über den Heiligen Gral erwähnt. Wenn Sie im Internet recherchieren, werden Sie feststellen, dass viele Websites eine mögliche Verbindung zwischen diesem Material und Wesen von den Plejaden sowie von Menschen in Erwägung ziehen, die außerirdische Seelen haben, also Sternensaat sind. Ich überlasse es dem Leser zu entscheiden, auf welche Weise Moldavit zu dieser Geschichte passt, und ich empfehle Ihnen, nach Möglichkeit ein Stück in der Hand zu halten und zu sehen, ob es eine Wirkung auf Sie hat, wobei es sich auch ganz wunderbar als Schmuck eignet.[27]

Unsere Recherche ergab eine hohe Wahrscheinlichkeit dafür, dass Moldavit der zentrale Teil des Mutterschiffs sein könnte, doch lässt es sich mit den heutigen wissenschaftlichen Daten noch nicht hinreichend untermauern. Jede Form angewandter geologischer Datierung kam zu dem Ergebnis, dass sich Moldavit vor ungefähr vierzehn Millionen Jahren gebildet hat, als

Folge eines Meteoreinschlags in Süddeutschland.[28] Wenn ich mir auch vorstellen kann, dass eine Untersuchung dieses Materials als möglicher Bestandteil eines zeitreisenden außerirdischen Raumschiffs ein anderes Datum ergeben könnte, ändert das bisher nichts an dem Problem, objektive wissenschaftliche Beweise anzubieten. Nichtsdestotrotz zeigte uns diese erste Recherche, dass Moldavit-Tektit exakt die Art von Substanz war, nach der wir suchen sollten, da sie geologisch einzigartig ist, mit einem hohen Siliziumanteil, außerirdischen Ursprungs und durch extreme Hitze produziert.

Valeries Buch hatte erklärt, dass ein Doppelagent den Schutzschirm zu einem kritischen Zeitpunkt ausgeschaltet hatte, woraufhin das Raumschiff mit elektromagnetischen Waffensystemen getroffen wurde, was den Rumpf zerschmetterte und ihn so extrem überhitzte, dass er schmolz. Das daraus resultierende geschmolzene kristalline Material, das auf die Erde fiel, könnte potenziell Jahrmillionen überdauert haben.

Valeries Buch legte nicht nur anschaulich nahe, nach was für einer Art Material ich suchen sollte – basierend auf der Beschreibung des Raumschiffs und wie es zerstört wurde –, sondern nannte auch die Gegend, auf die wir unsere Suche am besten konzentrierten. Zu der Geschichte von dem Angriff auf das Raumschiff gehören auch viele kleinere UFOs, die vor dem feindlichen Angriff flohen, wobei die meisten zerstört wurden, bevor sie entkommen konnten, während andere verfolgt und vom Himmel geschossen wurden bei dem Versuch, die Erde zu erreichen. Die wenigen Überlebenden landeten anscheinend im Südosten von Australien. Sie werden sich erinnern, dass die Landestelle in der Nähe von Gosford lag, etwas nördlich von Sydney. Dies ist wichtig anzumerken, da höchstwahrscheinlich zwischen der Position des Mutterschiffs und Gosford viele flüchtende Untertassen-UFOs zerstört wurden, was bedeutet, dass überall in der Gegend jede Menge Trümmer auf die Erde gestürzt sein müssen. Die Möglichkeit, sich auf einen einigermaßen überschaubaren Zielbereich konzentrieren zu können, war von ungeheurer Wichtigkeit und bewahrte uns davor, den ganzen Planeten nach Beweisen absuchen zu müssen.

Doch nach wie vor gab es einen Teil von mir, der dachte, ich hätte mir eine unlösbare Aufgabe gestellt und dass ich nicht die geringste Aussicht darauf hatte, das Wrack eines außerirdischen Fluggeräts zu finden, noch dazu eines, das vor Hunderttausenden von Jahren im Weltall zersprengt worden war.

Aber Sie können sich vorstellen: Das alles galt natürlich nur so lange, bis ich es gefunden hatte!

Ausgehend vom Südosten Australiens in nördliche Richtung und den ganzen Weg bis hinauf nach Südostasien liegt das, was heute als das *australasiatische Tektit-Streufeld* bekannt ist. Tektit ist eine Form von Glas. Es entsteht typischerweise aus einem Material, das durch einen kosmischen Aufprall mit höchster Geschwindigkeit extrem schnell bis zum Schmelzpunkt erhitzt wird. Streufelder sind geografische Anhäufungen von Tektit, die allesamt auf ein gemeinsames kausales Ereignis zurückzuführen sind. Wie bereits erwähnt, ist auch Moldavit ein Glas-Tektit-Material.

Tektitglas bildet sich nicht jedes Mal, wenn etwas auf unserer Erde einschlägt. Tatsächlich gibt es nur vier Tektit-Streufelder, trotz der vielen kosmischen Einschläge im Laufe der geologischen Geschichte. Diese Tektit-Streufelder, angeordnet nach ihrem Alter, befinden sich in Nordamerika (34 Millionen Jahre), Mitteleuropa (14 Millionen Jahre), an der

Elfenbeinküste (1 Million Jahre) und in Australasien (0,78 Millionen Jahre).[29] Die ersten drei dieser Streufelder stehen mit Einschlagkratern in Verbindung, alle von beträchtlicher Größe. Das älteste – das nordamerikanische Streufeld – wird dem Chesapeake-Bay-Krater zugeschrieben und hat einen Durchmesser von vierzig Kilometern. Auffallend ist jedoch, dass trotz einer hohen Anzahl von Asteroiden- und Meteoriten-Einschlägen auf unserem Planeten nur diese vier Streufelder existieren, was sie eher ungewöhnlich erscheinen lässt. Es würde mich nicht überraschen, wenn alle diese Trümmerfelder etwas mit Außerirdischen zu tun haben, die einst die Erde besuchten oder besuchen wollten.

Noch weitaus seltsamer wird das Thema Tektit, sobald man sich einmal die jüngsten dieser Streufelder ansieht. Australasiatische Tektiten sind als Australiten bekannt, und die sind wirklich eine Klasse für sich. Der erste bemerkenswerte Fakt über Australiten ist, dass trotz der Tatsache, dass dieses Material erst vor relativ kurzer Zeit (in geologischen Begriffen) entstand und besonders weit gestreut wurde (anscheinend sind kleine Fragmente davon auf über zehn Prozent der Erdoberfläche zu finden), kein damit verbundener Krater existiert. Das ist bizarr, da es logischerweise einen Krater geben müsste, der um ein Vielfaches größer ist als der bekannte in Chesapeake Bay. Das Loch im Boden wäre zudem wesentlich jünger und müsste daher viel auffallender sein. Wissenschaftler weisen darauf hin, dass das Objekt, das für dies viele Material verantwortlich ist, einen Durchmesser von circa 1 bis 2,5 Kilometer gehabt haben und besonders hart auf dem Boden aufgekommen sein muss, um einen so großen Teil der Erde mit Trümmern zu bedecken. Warum gibt es also keine offensichtlichen Anzeichen dafür, dass dieses massive Objekt eingeschlagen ist?[30]

Die Verteilung von Australiten und eine offensichtlich nicht vorhandene Einschlagstelle haben Geologen tatsächlich großes Kopfzerbrechen bereitet. Und es gibt ein zweites Rätsel, das im vergangenen Jahrhundert noch weit hitzigere Debatten ausgelöst hat: die spezifischen Mechanismen der Entstehung und Formung von Australiten. Tektite bestehen aus einem superschnell erhitzten Material, das durch die Luft wirbelte. Zunächst werden Tektite durch flüssiges Glas geformt. Das Glas beginnt sich im Laufe des Wirbelns abzukühlen, und im teilweise noch flüssigen Zustand nimmt das Material dann bestimmte aerodynamische Formen an. Normalerweise sind die Glasstücke zum Zeitpunkt der Landung auf der Erdoberfläche bereits hart, doch in Bezug auf Australiten verhält es sich anders.

Australiten haben obendrein eine Form, die bei anderen Tektiten nicht vorkommen, den sogenannten ›geflanschten Knopf‹, für den ein einzigartiger Doppelschmelzprozess nötig war – und diese Eigenschaft ist es, die wir uns etwas genauer anschauen müssen. Ihrem Aussehen nach scheinen diese Australiten-Knöpfe uns zurufen zu wollen: »Wir kommen aus dem All!« Sie sehen ein Bisschen aus wie Fliegende Untertassen und definitiv wie die Wiedereintritts-Module des NASA-Apollo-Programms. Tatsächlich analysierten Wissenschaftler der NASA Australiten-Fragmente im Rahmen ihres Raumschiff-Designprogramms und erkannten, dass diese glasartigen Objekte ein besonderes Verständnis hinsichtlich der Formen boten, die sich am besten eignen, um unsere Atmosphäre zu passieren.

Ein NASA-Bericht hat Folgendes über die Natur der Fragmente herausgefunden:

»Experiment und Analyse weisen darauf hin, dass die knopfähnlichen Australiten aus glasartigen Kugeln entstanden sind, die als kalte, feste Körper in die Atmosphäre ein- oder austraten. Bei Proben von durchschnittlicher Größe war die Eintrittsrichtung fast horizontal, und die Eintrittsgeschwindigkeit betrug zwischen 6,5 und 11,2 Kilometer pro Sekunde. Ein terrestrischer Ursprung solcher Kugeln ist aufgrund der extrem hohen Entschleunigungsraten in niedrigen Höhen unmöglich.«[31]

Offenbar traten die Fragmente bei sehr hoher Geschwindigkeit in die Atmosphäre ein, unter Flugbedingungen, die zu einer *Entschleunigungskraft des Körpers* führten, welche ein oder zwei Größenordnungen stärker war als die Gravitationskraft der Erde zum Zeitpunkt des Einschlags. Wenngleich die Wissenschaftler zugeben, dass niemand genau weiß, worum es sich bei dem einen Kilometer großen Ursprungskörper handelte, geben sie doch offen zu, dass er nicht die chemische Zusammensetzung eines typischen Meteoriten hatte.

Es gibt nur eine Umgebung, in der eine Flüssigkeit von Natur aus Kugelform annimmt und es kalt genug ist, um geschmolzenes Glas schlagartig gefrieren zu lassen – das Vakuum des Weltalls. Die Wissenschaftler folgerten, dass das ursprüngliche Objekt dieser Australiten-Knöpfe supererhitzt, zu einer Flüssigkeit geschmolzen und dann in kleine Kugeln geformt wurde, bevor die fast sofortige Erkaltung eintrat. Diese Glaskugeln regneten dann durch die Erdatmosphäre und begannen, sich wieder aufzuheizen, teilweise zu schmelzen und dank des atmosphärischen Widerstands jene einzigartigen Knopfformen zu bilden.

Forscher zu diesem Thema hatten alle Arten von Lösungen im Hinblick auf den Ursprung der Australiten parat, die von einem vom Mond oder Mars abgesprengten Materiebrocken reichten, der in unsere Atmosphäre eintrat, bis hin zu einem Asteroiden, der in Südostasien auf die Erde stürzte und Material rund einhundert Kilometer weit zurück ins All schleuderte, bevor es wieder herabregnete. Während der Forschungen des letzten Jahrhunderts fiel jedes Szenario ohne überzeugendes Ergebnis in sich zusammen; keines war in der Lage, alle damit in Verbindung stehenden Anomalien zu erklären.

Der einzige Fakt, dem alle an der Australiten-Forschung Beteiligten zustimmten, ist der, dass die Kette von Ereignissen, die Australiten erschuf, in vier Komma fünf Milliarden Jahren einzigartig war. Die weithin akzeptierte Datierung für dieses Material besagt, dass seine Entstehung zwischen 700.000 und 790.000 Jahren zurückliegt. *Nur ein einziges Mal in der Geschichte unseres Planeten!* Lassen Sie das einen Moment auf sich wirken. Im Bereich der Wissenschaft zählen Australiten-Knöpfe damit zu den bedeutendsten Anomalien.[32]

Die Zusammensetzung individueller Australiten-Fragmente ist unterschiedlich, doch häufig bestehen sie aus achtzig Prozent Silizium, gewonnen aus geschmolzenem Quarzkristall. Außerdem enthalten sie prozentual einen auffallenden Anteil an Aluminium, kombiniert mit etwa dreiundzwanzig zusätzlichen Elementen. Ich bin weder Chemiker noch Geologe und werde daher nicht darüber spekulieren, ob die gesamte Komposition an sich extrem anomal ist; wobei manche Schriften erwähnen, dass sie sich von allem uns bekannten meteoritischen Material unterscheidet. Allerdings kommen die einzelnen Elemente ausnahmslos auf unserem Planeten vor, weshalb vermutet wird, dass es sich beim ursprünglichen Objekt um das Produkt eines Planetensystems mit einer ähnlichen chemischen Zusammensetzung und geologischen Geschichte handelte wie die Erde.

Die einzige Hypothese, die einleuchtend alle Australiten-Anomalien erklärt, lautet, dass das einen Kilometer durchmessende, größtenteils aus Quarz bestehende Objekt ein die Erde umkreisendes außerirdisches Raumschiff war, das kurz vor dem Eintritt in unsere Atmosphäre explodierte. Hochentwickelte elektromagnetische Energiewaffen versetzten die Moleküle zunehmend in eine Resonanzschwingung, was dazu führte, dass die Hülle des Raumschiffs enorm hohe Temperaturen erreichte, während es zu Bruch ging. Teile des Gefährts wurden zu Tropfen aus flüssigem Glas. Die Flüssigkeit nahm die Form von Kugeln an, die sofort im Vakuum des Alls gefroren und feste Tektit-Bälle bildeten. Dann traten die Glaskugeln und Hüllenfragmente in einen ungünstigeren Orbit ein und gerieten in die Stratosphäre, wobei einige Teile aufgrund der abschließenden Explosion der leicht entflammbaren Atmosphäre des Mutterschiffs mit hoher Geschwindigkeit Richtung Erde stürzten.

Meiner Meinung nach ist es sehr aufschlussreich zu wissen, dass die meisten Australiten in Südaustralien zu finden sind, unterhalb des fünfundzwanzigsten Längengrades, in der Gegend, zu der auch die Landestelle in Gosford gehört. Dies scheint vehement darauf hinzudeuten, dass der Hauptteil des Mutterschiffs und die meisten der kleineren Fliegenden Untertassen über Südaustralien auseinandergebrochen sind. Was erklären würde, warum die Überlebenden hier herunterkamen: Es ist vorstellbar, dass einige der kleineren UFOs ungebremst nach unten gerast sind – mindestens von einem der Fluggeräte wird gesagt, dass es im Meer bei Gosford notgelandet ist. Wir könnten logischerweise davon ausgehen, dass Wesen, die aus dem sich auflösenden Mutterschiff ausstiegen, sich so schnell es ging auf die Erde zubewegt haben, um dem Massaker am Himmel über ihnen zu entkommen und eine Verfolgung aus der Luft zu verhindern. Wenn Moldavit bei diesem Ereignis eine Rolle gespielt hat, handelte es sich dabei möglicherweise um einen separaten Teil des riesigen Sternenschiffes, vielleicht seinem innersten Kern, aus einem etwas anderen kristallinen Material zusammengesetzt.

Nicht alle Australiten haben die einzigartige Knopfform, daher können wir folgern, dass noch massivere Stücke des Mutterschiffs durch die Atmosphäre gebrochen sind. Diese massiveren Teile wären bei ihrem Sturz zur Erde weiter fragmentiert und zu kleinen Stückchen geworden, die dann nur einen einzigen Schmelzprozess durchliefen.

Und genau das haben wir gefunden, als wir weitere normale Tektitformen von Australiten in anderen Teilen Australiens und der Welt untersuchten.

Viele der in Südostasien gefundenen Tektite, generell als Teil des Australiten-Streufelds betrachtet, weisen Spuren nur eines Schmelzprozesses auf und schließen keine Tektit-Knöpfe ein. Wissenschaftler liegen wahrscheinlich richtig mit der Annahme, dass Tektite in Südostasien Australiten sind, doch ich frage mich, ob diese Tektite nicht vielmehr mit einem separaten Ereignis zu tun haben, das wir im nächsten Kapitel untersuchen werden. Die schwersten Stücke der südostasiatischen Tektite wiegen mehr als zwanzig Kilogramm und sind als geschichtete Muong-Nong-Tektite bekannt. Diese großen Materiebrocken bestehen aus verschiedenen Glasschichten, die einmal geschmolzen waren, und es gibt keine allgemein akzeptierte Erklärung für diese seltsame Schichtung.

Angesichts des enormen Gewichts einiger der Mung-Nong-Tektite ist zu vermuten, dass sie nicht weit weg von der Einschlagstelle geflogen sein konnten, weil sie einfach zu schwer waren, und dennoch gibt es in der Umgebung keinerlei Hinweise auf einen Krater. Diese Evidenz scheint perfekt zu einer Situation zu passen, bei der Material aus dem Himmel stürzt, statt von einem örtlichen Einschlag versetzt zu werden.[33]

Ich muss gestehen, dass mir ein wenig schwer ums Herz ist, während ich diese Schilderung abgebe. Wir sollten nicht vergessen, dass viele Tausende wohlmeinender Seelen ausgelöscht wurden, als die Explosion ihr Kolonisten-Raumschiff zerstörte. Es waren glcichzeitig die letzten Momente der Existenz der Intelligenz, die dem Kristallschiff innewohnte und sich ihrer selbst bewusst war. Sie war ein lebendes Wesen jenseits unserer Vorstellungskraft, das am Himmel über einer fremden Welt den Tod fand.

Oft frage ich mich, ob es möglich ist, dass dieses fühlende Schiff in jenen letzten Momenten Schmerzen empfand und vielleicht sogar geweint hat?

7

Meteor-Bombardement, Polsprung und Klimachaos

»Wir können einen Meteor herunterziehen und seine Richtung bestimmen. Manche sind so riesig, dass sie einen Planeten zerstören würden. Wir erschaffen nicht nur Flutwellen.«

Die Nachricht vom geplanten Verrat der plejadischen Siedlungsmission erreichte die Führer des Rates der Allianz, noch bevor das Kolonistenschiff zerstört worden war. Obwohl das Schiff nicht mehr gerettet und im Grunde gar nichts mehr getan werden konnte, wurde eine zweite Reise Richtung Erde unternommen, und diesmal handelte es sich um eine Flotte kosmischer Vollstrecker. Diese Schiffe erreichten die Erdumlaufbahn etwa fünf Jahre nach dem beschriebenen Ereignis, und wenngleich sie die wenigen Überlebenden kontaktierten und ihnen Rettung anboten, war dies doch nicht ihre vordringliche Aufgabe. Die

Mächte, die die Erde besetzten, hatten die Erlässe des Rates der Allianz gebrochen und eine friedliche Mission zerstört, und es gab viele, die meinten, dass dies Konsequenzen haben müsse, um die kosmische Ordnung wiederherzustellen.

Die eintreffende ›Weltraumpolizei‹ bestand aus Mitgliedern einer militarisierten Gesellschaft katzenähnlicher Humanoider – der Löwenrasse – mit einer langen Geschichte von Kämpfen gegen diese feindliche außerirdische Spezies. Obwohl sie auch konventionelle Waffen in Form laserartiger Gewehre besaßen, benutzten sie Meteore als ihre wichtigste Artillerie. Große Felsen wurden mit Hilfe einer Art Traktorstahl aus dem All geholt und konnten dann auf bestimmte Bereiche der Oberfläche eines Planeten geschleudert werden. Diese Art von planetarischem Bombardement verursachte enorme Verwüstungen; ein Planet konnte durch einen solchen Schlag effektiv ausgelöscht werden.

Diese Militärmacht schickte also ein Team auf die Erde, das in die unterirdischen Bereiche des Feindes eindrang und ihn aufforderte, gestohlene Technologien zurückzugeben und den Planeten zu evakuieren, wie ursprünglich in ihrem Vertrag vereinbart worden war. Während viele der Tunnelbewohner durch ein Wurmloch zu ihrem angestammten System im Orionnebel flüchteten, weigerten sich andere, der Aufforderung Folge zu leisten. Die Militärmacht griff den Feind nach den gescheiterten Verhandlungen an und begann mit der Bombardierung durch mehrere riesige Asteroiden aus dem All. Im Untergrund zu bleiben reichte nicht aus, um den Nachwirkungen eines solchen Angriffs ganz zu entgehen.

Diese Beschreibungen hören sich vielleicht unglaublich an, mehrere fremdartige Wesen, die im All über dieser Welt und sogar unter ihrer Oberfläche eine Schlacht um die Erde austragen. Manche dieser Aspekte lassen sich möglicherweise auch noch nicht beweisen, doch etwas sagte mir, dass sich ein derartiger kosmischer Feuersturm eigentlich nicht ereignet haben konnte, ohne irgendwelche Spuren zu hinterlassen. Die Wirkung selbst eines einzigen Meteors durchschnittlicher Größe, der auf unserem Planeten einschlägt, wäre doch bereits ein Beweis für dieses Ereignis – und natürlich erst recht, wenn es sich um mehrfache Einschläge aus allen möglichen Richtungen handelt.

Ich hatte den Eindruck, dass ein dermaßen bedeutendes und extrem ungewöhnliches Ereignis Wissenschaftlern gut bekannt sein müsste und dass es noch lange danach massive Auswirkungen auf die Umwelt des Planeten gegeben haben muss, zusammen mit Kratern, die wie Narben die Oberfläche bedecken. Aber ich hatte noch nie etwas in dieser Art gehört und vermutete, dass es dafür vielleicht keinerlei Beweise gab. Mein Instinkt riet mir, noch nicht aufzugeben, denn immerhin musste ein solches Ereignis gut bekannt sein, falls es entdeckt worden war. Ich brauchte eigentlich nur irgendwelche Anzeichen für eine massive globale Katastrophe zu finden, die sich vor rund 780.000 Jahren ereignet hatte, dann würde kaum noch jemand an dem zweifeln können, was bereits ein sehr gut dokumentiertes Narrativ war. Das Raumschiff war geortet worden und die Bruchstücke datiert, und wenn ein weiteres relevantes Ereignis zur Bestätigung des Datums für diese Mission damit in Verbindung gebracht werden konnte, wäre dies eine ungeheure Errungenschaft.

Es dauerte einige Zeit, dieser Spur nachzugehen, doch schließlich fand ich heraus, dass es tatsächlich mehrere Bombardements unseres Planeten mit Meteoriten und Asteroiden gegeben hat, ungefähr vor 770.000 bis 790.000 Jahren. Dies war weder allgemein bekannt noch hatte ich bisher davon gehört, weil diese Entdeckung erst Ende 2016 öffentlich gemacht wurde, und dann auch nur in Form einer Kurzmeldung.

Eine geologische Untersuchung durch ein Team der Universität Heidelberg hatte enthüllt, dass zahlreiche Meteoriten alle etwa zur gleichen Zeit eingeschlagen waren, vor ungefähr 780.000 Jahren. Beispiele aus mehreren Gegenden überall in Asien, Australien, Kanada, Zentralamerika sowie der Darwin-Krater in Tasmanien ließen alle nur diese eine Schlussfolgerung zu. Man kann davon ausgehen, dass es bei diesem Ereignis gewaltige Erdbeben, Tsunamis und Masseninfernos gegeben hat. Die chemische Analyse zeigte, dass verschiedene Asteroiden an dieser Katastrophe beteiligt waren statt nur Fragmente eines einzigen Objektes, und es war klar, dass sie aus mehreren Richtungen auf den Planeten zugerast waren. Abgesehen von der sofortigen Zerstörung mussten Staubwolken in die Atmosphäre geschleudert worden sein, was das Sonnenlicht blockierte und die Temperaturen reduzierte. Dieses Ereignis war eine ungeheure Katastrophe.[34]

Auf der Webseite des britischen Astroarchäologen Graham Hancock gibt es einen interessanten Artikel, geschrieben von Flavio Barbiero, einem Geologen kroatisch-italienischer Abstammung. Er weist darauf hin, dass der Aufprall eines besonders großen Objekts mit entsprechend hoher Geschwindigkeit die Rotation des Planeten verändern würde, was zu einem sogenannten Polsprung der Erdachse oder einer Verschiebung der Erdkruste führen müsse. Barbiero hatte die meiste Zeit seines beruflichen Lebens als Spezialist an Forschungsprojekten im Bereich gyroskopischer Phänomene (Kreiselbewegungen) für die italienische Marine gearbeitet und war im Rang eines Admirals in den Ruhestand getreten. Er vermutete, dass ein solcher Polsprung die Antarktis an den heutigen Ort geschoben und damit ein einst blühendes Land unter dickem Eis begraben haben könnte.[35]

Es gibt stichhaltige Beweise, die darauf hindeuten, dass auch auf dem Planeten Venus in einer lange zurückliegenden Zeit ein solcher axialer Polsprung stattgefunden hat. Die Venus ist der einzige Planet unseres Sonnensystems, der sich sowohl im Uhrzeigersinn dreht als auch vollkommen gegenläufig seine Bahn um die Sonne beschreibt, was äußerst merkwürdig ist.[36] Außerdem haben Wissenschaftler festgestellt, dass sich die Rotation dieses Planeten rapide verlangsamt. Die Venus hat schon von Haus aus die langsamste Rotation jedes planetarischen Objekts im Sonnensystem, daher lässt sich ihre weitere Verlangsamung nicht logisch erklären.[37] Es sieht ganz danach aus, als wäre die Kruste der Venus irgendwann einmal förmlich umgestülpt worden und dass sie jetzt dabei ist, ihre Rotationsrichtung zu korrigieren. Wenn das auf der Venus passieren konnte, müssen wir ernsthaft die Möglichkeit in Erwägung ziehen, dass es auch auf der Erde geschehen kann.

Könnte das bereits erwähnte Bombardement durch Meteore zufällig oder absichtlich das Grauen eines axialen Polsprungs entfesselt haben?

Auffallend ist auch, dass es vor ungefähr 800.000 Jahren bei den sogenannten Gletscher-Oszillationen zu einer Veränderung kam. Bei diesen Oszillationen handelt es sich um das Vorstoßen und Zurückziehen von Gletschern, hervorgerufen durch die Abfolge von kalten und warmen Phasen auf unserem Planeten. Dieser Rhythmus wechselte beim Übergang ins Mittlere Pleistozän von etwa 41.000 Jahren zu 100.000 Jahre Dauer, und bis heute hat niemand eine Erklärung dafür parat. Jedenfalls muss eine tiefgreifende und mysteriöse Veränderung in den fest etablierten Klimazyklen unseres Planeten die Ursache gewesen sein. Die Vermutung drängt sich auf, dass sich etwas Fundamentales im Hinblick auf die Rotation, die Neigung und den Weg der Erde um die Sonne geändert hat. Modelle der Paläo-Klimaforschung zeigen, dass nach der Zeit vor 800.000 Jahren das globale Klima wesentlich weniger vorhersehbar und stabil war und sich stärker in Richtung Chaos entwickelte, mit wilden Fluktuationen, die es zuvor nicht gegeben hatte.[38]

Als sei dies alles noch nicht genug, gibt es eine weitere bemerkenswerte Veränderung, die genau in der Zeit vor 780.000 Jahren auftrat und erhebliche Auswirkungen hatte. Zufällig handelt es sich dabei um den Augenblick der letzten jähen Umkehr des Magnetpols auf unserem Planeten. Es besteht einiger Grund zu der Annahme, dass es sich dabei nicht um ein völlig natürliches Ereignis handelte oder dass es Teil der anderen Geschehnisse war, über die wir bereits gesprochen haben. In den vergangenen zwanzig Millionen Jahren erlebte die Erde nämlich alle 200.000 bis 300.000 Jahre eine Umkehr des Magnetpols. Das Eigenartige ist nun, dass dieser Zyklus unterbrochen wurde und die nächste Umkehr mittlerweile Hunderttausende von Jahren überfällig sind.

Das Magnetfeld der Erde spielt eine entscheidende Rolle, wenn es um den Schutz des Planeten vor solaren und kosmischen Strahlen geht. Wenn sich die Pole verschieben, reduziert sich dieser schützende Schild bis auf ein Zehntel seiner ursprünglichen Dichte. Man geht davon aus, dass der Vorgang der Polumkehr Jahrhunderte dauert. Während dieser Zeit könnte die Strahlung immer weiter vordringen und schließlich die Erdoberfläche erreichen, was dazu führen würde, dass manche Gegenden unbewohnbar werden und bestimmte Gattungen möglicherweise ausgelöscht werden.[39]

Es existiert eine gut erforschte Wechselwirkung zwischen den Magnetfeldern unseres Planeten und den Energiefeldern der Sonne. Sie interagieren und provozieren entsprechende Veränderungen. Es wird als möglich erachtet, dass die magnetischen Umkehrungen auf unserer Welt zumindest teilweise von Veränderungen in den elektromagnetischen Sonnenfeldern ausgelöst werden. Könnte es vielleicht sein, dass vor 780.000 Jahren etwas höchst Seltsames hinsichtlich der Sonnenprotuberanzen aufgetreten ist?

Heute befinden wir uns in einem Stadium, das die meisten Menschen als den Beginn einer Verlagerung der magnetischen Pole betrachten. Die Pole verschieben sich dramatisch, und die Stärke des schützenden Magnetfeldes der Erde nimmt rapide ab. Geowissenschaftler sprechen in großer Sorge über die Möglichkeit einer drohenden totalen Umkehrung.[40] Das hätte profunde Folgen für uns als technologische Zivilisation, weil es elektromagnetische Auswirkungen hätte, etwa das Versagen von Satelliten sowie gravierende Konsequenzen für das weltweite Stromnetz. Sonnenenergien könnten potenziell ungehindert eintreten und den Zusammenbruch des gesamten Energiesystems herbeiführen.

Eigenartig ist, dass wir gerade ein abnormes Sonnenverhalten erleben. Solarphysiker beobachten, dass nie zuvor beobachtete Formen von Aktivität in der Energiedynamik unserer Sonne im Gange sind. Die Zahl der Sonnenflecken ist alarmierend gesunken, sogar während der Höhepunkte des Zyklus, und diese Reduzierung wird mit plötzlichen urgewaltigen Ausbrüchen in Verbindung gebracht. Es genügt zu sagen, dass Sonnenstürme, die in Richtung Erde rasen, eine schlimme Sache sind – eine umfassende Reduzierung der Sonnenaktivität kann sogar eine neue Eiszeit einleiten.

Es ist nie zweifelsfrei geklärt worden, ob die letzte magnetische Umkehrung vor 780.000 Jahren für die frühen Menschen schädlich war. Doch wie wir bereits gesehen haben, besteht diese Möglichkeit durchaus. Faszinierenderweise spricht Alcheringa davon, dass die Sternenmenschen äußerst stark unter Problemen durch die Sonnenbestrahlung auf der Erdoberfläche gelitten haben. Wahrscheinlich lag das an ihrem biologischen und anatomischen Aufbau, aber es könnte auch mit der Veränderung des Magnetpols oder ungewöhnlicher solarer Aktivitäten zusammengehangen haben.

Angesichts so vieler gewaltiger und folgenschwerer Ereignisse, die sich zeitlich überschneiden, können wir wohl kaum noch von Zufällen sprechen. Wir sehen uns mit mysteriösen Anomalien konfrontiert, einzigartigen und unerklärlichen Geschehnissen, die allesamt in einer relativ kurzen Zeitspanne auftraten. Jeder, der dennoch meint, dass es hier nichts Interessantes zu sehen gibt, lebt entweder in einer Blase oder hat seinen Verstand auf niedrig geschaltet. Es wird natürlich immer Skeptiker geben, die einfach alles ablehnen, was nicht in den Konsens des allgemeinen Narrativs und der existierenden Paradigmen passt, aber wir haben es hier mit wissenschaftlichen Fakten zu tun, die schlichtweg nicht mit der Mainstream-Version über die Vorzeit übereinstimmen.

Wir könnten diese Untersuchung hier wahrscheinlich beenden und hätten bereits ein völlig anderes Verständnis über die lange zurückliegende Vergangenheit und die Grundlagen unserer menschlichen Zivilisation gewonnen.

Wir wissen jetzt, dass es um viel mehr geht als die Geschichte von Sternenmenschen, die die Erde besuchten, oder um irgendwelche lange zurückliegenden Mega-Events.

Aber dies ist nicht das Ende unserer Reise, sondern erst der Anfang, denn wir sind bisher noch gar nicht den wichtigsten Akteuren dieser Geschichte begegnet: den Menschen. Es ist an der Zeit, uns das Auftauchen der ersten Vorfahren unserer eigenen Spezies, des *Homo sapiens*, näher anzuschauen.

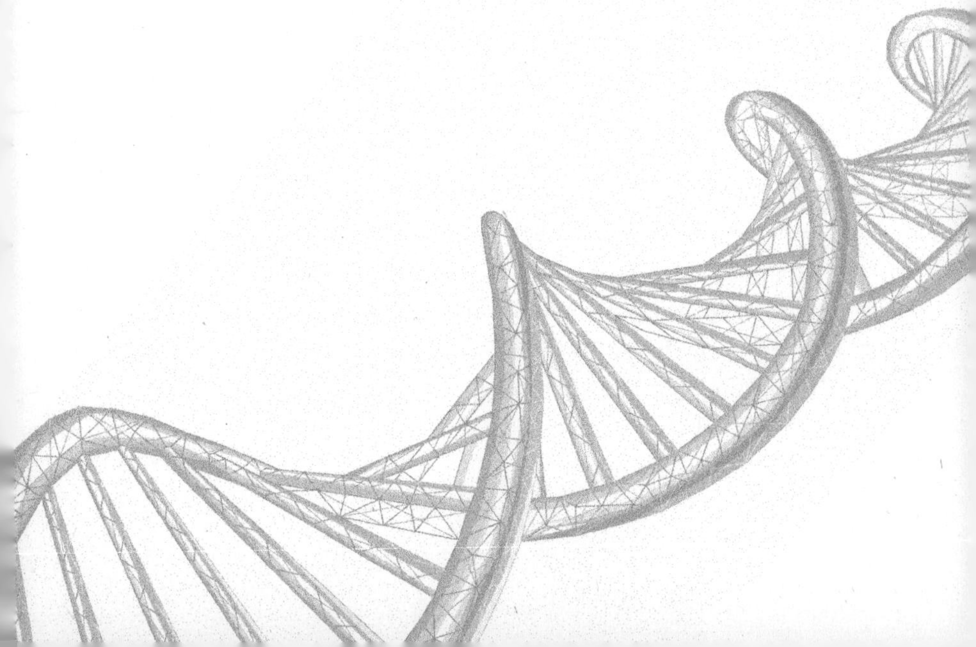

8

Unsere ersten Vorfahren waren *Homo Pleiades*

»Die Sternenmenschen erkannten, dass die einzige Möglichkeit, als Volk auf der Erde weiterzubestehen, darin bestand, sich mit einer existierenden Rasse zu vermischen, die den Umweltbedingungen angepasst war und hier gedeihen konnte. Sie entschieden sich für die kleinen Haarigen, eine Spezies, die wir selbst erschaffen haben.«

In den von Alcheringa übermittelten Berichten und in vielen Erinnerungen an frühere Leben wird uns gesagt, dass nach der Zerstörung des Mutterschiffs die gestrandeten Überlebenden den Plan aufgaben, die Erde zu kolonisieren. Es war offenkundig, dass sie ohne die ganze hochentwickelte Technologie an Bord des Mutterschiffs in der feindseligen Umgebung nicht lange überleben konnten. Die Gruppe diskutierte darüber, was als Nächstes zu tun sei, und kam zu dem

Schluss, dass es das Zweitbeste ist, die Evolution der bereits existierenden Hominiden voranzutreiben und sie in eine bessere Richtung zu führen.

An dieser Stelle sollte nicht unerwähnt bleiben, dass die irdischen Hominiden bereits Millionen von Jahren vor der Ankunft der Plejader von anderen außerirdischen Mächten geschaffen worden waren. Sie hatten sie aus noch primitiveren Primaten entwickelt. Diese frühen menschlichen Formen standen unter der Kontrolle der feindlichen außerirdischen Spezies, seit diese auf den Planeten gekommen war. Unter normalen Umständen hätten die Plejader sich wahrscheinlich nicht in die Entwicklung indigener Wesen auf einer anderen Welt eingemischt, da sie um die tiefgreifende Wirkung wussten, die eine solche Einmischung auf die normale Weiterentwicklung hat. Was jedoch dieses aufrecht gehende affenähnliche Wesen betraf, so war es schon in seinen Anfängen gentechnisch verändert worden und hatte seitdem in der Gegenwart einer außerirdischen Rasse gelebt.

Angesichts dessen wurde kein Leitprinzip außer Kraft gesetzt, wenn sie direkt eingriffen und das zukünftige Potenzial des Wesens positiv beeinflussten.

In dem Buch *Alcheringa: When the first ancestors were created* gibt es eine ausführliche Diskussion der Ereignisse, die den ersten Versuchen vorausgingen, die vorgefundenen Hominiden ›upzugraden‹. Angesichts einer begrenzten medizinischen und technologischen Ausrüstung war das eine äußerst schwierige Angelegenheit. Der gentechnische Eingriff machte eine Modifizierung auf Genom-Ebene erforderlich, aber auch das Einsetzen genetischen Materials des Sternenvolkes in das genetische Material der frühesten Menschen.

Die daraus resultierenden Retortenbabys wurden dann in die Gebärmütter von menschlichen Frauen und einigen Freiwilligen unter den verbliebenen weiblichen Außerirdischen eingesetzt. Es dauerte eine Weile, bis dieser Vorgang perfektioniert war, und in den frühen Stadien wurden zahlreichende herzzerreißende Fehler gemacht.

Dies ist ohne Frage die wichtigste Botschaft in der Fülle an Material, das uns Alcheringa weitergegeben hat, und wir werden uns bemühen, diese Behauptung zu überprüfen, und zweifeln nicht daran, sie bestätigt zu finden. Die Menschen stammen demnach in direkter Linie sowohl von den Primaten als auch von den hochentwickelten Wesen ab, die in grauer Vorzeit auf die Erde kamen. Der erste Vorfahr der Abstammungslinie *Homo sapiens* war ein hybrides Wesen mit irdischer DNA und den Genen dieser Sternenmenschen. Eine solche Abstammung macht uns zu einem einzigartigen Organismus auf diesem Planeten. Und wenn es den Tatsachen entspricht, müsste es auffallende Anomalien geben, die uns von unseren engsten Verwandten, den heutigen Primaten, unterscheiden.

Die einfachste Möglichkeit, außerirdische DNA im menschlichen Genom zu identifizieren, bestünde darin, eine biologische Probe zu entnehmen und sie mit einer anderen zu vergleichen, die Außerirdischen entnommen wurde. Natürlich könnten wir außerirdische Gene auch dadurch identifizieren, dass wir das heutige menschliche Genom mit dem des frühen Hominiden vergleichen. Doch leider steht uns weder die reine DNA eines Außerirdischen noch eines Hominiden aus der Zeit vor dem genetischen Eingriff zur Verfügung. Das macht es wesentlich komplizierter, die Fingerabdrücke dieser Schöpferwesen zu finden – allerdings nicht unmöglich.

Wir wissen, dass alles Leben auf der Erde mit einzelligen Organismen begann, die sich im Laufe der Zeit zu immer größerer Komplexität entwickelten, wobei ein Teil dieses Prozesses mit Mutationen zu tun hatte, die sich nach und nach einstellten und ansammelten. Ich persönlich gehe davon aus, dass Mutation nur die Mitglieder einer existierenden Spezies verändert, während das Auftauchen einer völlig neuen Spezies ein Produkt spezifischer Programme ist, die im DNA-Code ablaufen. Die Anwendung, die wir als ›Leben‹ kennen, ist auf einen DNA-Code zurückzuführen, der einprogrammiert wurde, um höhere Formen von Leben und zunehmende Komplexität (und Vielfalt) hervorzubringen.

Die Evolution benötigt sehr viel Zeit, um neue Wesensformen zu erschaffen und individuelle Unterschiede zwischen Mitgliedern einer bestimmten Spezies offensichtlich zu machen. Das Erste, was wir erwarten sollten – falls es bei den Menschenarten fundamentale Unterschiede in Bezug darauf gibt, wie sie ins Sein gekommen sind – ist daher, dass es etwas geben müsste, das uns wie eine relativ neue Spezies erscheinen lässt. Wenn Außerirdische uns Menschen erschaffen haben, würden wir nicht dieselbe lange Abstammungslinie wie andere Primaten aufweisen. Und wirklich ist unsere Evolutionsgeschichte kürzer, verglichen mit den individuellen Schimpansen in Afrika, die auch noch eine größere genetische Vielfalt aufweisen als alle sieben Milliarden Menschen auf der Erde.

Wissenschaftler datieren unsere Loslösung von einem mit den Schimpansen gemeinsamen Vorfahren auf die Zeit vor fünf bis sechs Millionen Jahren, was lange genug her ist, damit sich bedeutende genetische Unterschiede bei den Mitgliedern beider Abstammungslinien entwickeln konnten, wobei wir davon ausgehen können, dass die Niveaus sehr ähnlich sind. Anders als unsere engsten genetischen Verwandten, die Schimpansen, haben alle lebenden Menschen praktisch eine identische DNA, mit einer geringen Abweichung von nur null Komma eins Prozent. Und das ist seltsam, denn es zeigt sehr deutlich, dass es uns an der für unsere Spezies normalerweise weit zurückreichenden Abstammungslinie auf diesem Planeten mangelt, die bei verwandten Säugetierarten so typisch ist.[41]

Das Nichtvorhandensein dieser genetischen Unterschiede ist unsere erste Bestätigung, dass der *Homo sapiens* auf eine außergewöhnliche Entstehungsgeschichte zurückblicken kann. Die Annahme, dass unsere Vorfahren Mitglieder einer kleinen, isolierten Gruppe waren, die irgendwann in den letzten ungefähr 900.000 Jahren das Licht der Welt erblickte, würde mit Sicherheit den Mangel an genetischer Vielfalt erklären.

Etwas, das ich gerne noch auf die Schnelle untersuchen möchte, ist ein Beweis dafür, dass mindestens eine Gruppe früher Hominiden Australien erreicht hatte, bevor die Plejader auf die Erde kamen; und obwohl sie ein Raumschiff besaßen, wird nirgendwo erwähnt, dass sie Menschen aus unterschiedlichen Gegenden zusammengeführt hätten. Archäologische Ausgrabungen in jüngerer Zeit haben bestätigt, dass frühe Hominiden, wie zum Beispiel der kleine, haarige *Homo floresiensis* und der hochgewachsenere *Homo erectus*, sich vor ungefähr 100.000 Jahren durch die indonesische Inselwelt bewegt haben.[42] Man geht davon aus, dass sie nach dem Überqueren der Wallace-Linie, der biogeografischen Grenze zwischen den Faunenbereichen von Asien und Australien auf einer der indonesischen Inseln, nämlich Flores, mühelos Australien erreicht haben dürften. Zusätzliche Beweise für exakt eine solche Migration wurden in unserer DNA gefunden.

Wenn eine kleine Gruppe früher Hominiden sich von den Hominiden auf dem ausgedehnten eurasischen Kontinent abgespalten hat und nach Australien gewandert ist, würde dies zunächst zu einem Verlust genetischer Vielfalt führen. Eine vor kurzem durchgeführte Untersuchung ist zu dem Ergebnis gekommen, dass unsere Vorfahren vor rund eins Komma zwei Millionen Jahren (+/- 300.000 Jahre) ihre biologische Vielfalt nahezu halbierten.[43] Der Datumsbereich für dieses Ereignis stimmt perfekt mit der Archäologie östlich der Wallace-Line überein und stützt die Annahme, dass unsere Vorfahren eine in Australien isolierte Splittergruppe waren. Zudem ist davon auszugehen, dass jede kleine Ansammlung von Menschen in einem Land mit völlig neuen Umweltbedingungen höchstwahrscheinlich eine einzigartige, beschleunigte Evolution durchlaufen würde, auch ohne Einmischung von außen.

Als Nächstes wollen wir genau feststellen, wann der *Homo sapiens* begann, sich von seinem letzten menschenähnlichen Vorfahren zu lösen. Um das zu verstehen, müssen wir uns einige Entdeckungen der jüngsten Zeit anschauen. Wissenschaftler haben den Fossilien von Denisova-Menschen, Neandertalern und Menschen der Frühzeit DNA entnommen, was ihnen erlaubte, die Zeit zu berechnen, in der diese drei Menschenarten den letzten gemeinsamen Vorfahren hatten. Diese Untersuchung, durchgeführt von Wissenschaftlern der University of Utah, USA, kam zu dem Schluss, dass diese drei Menschenarten vor ungefähr 800.000 Jahren begannen, sich auseinander zu entwickeln.[44]

Einige Jahre vor dem Forschungsprojekt der University of Utah verfolgte ein Team des Lawrence Berkeley National Laboratory die evolutionäre Geschichte eines spezifischen Neandertal-Gens zurück. Das Team fand heraus, dass der früheste gemeinsame Vorfahre mit der analysierten Gensequenz, die sich auch im Genom des modernen Menschen zeigt, vor etwa 700.000 Jahren gelebt haben muss.[45]

Darüber hinaus gibt es Beta-Globin-Sequenzen (ein Blutprotein) bei heutigen asiatischen Völkern, von denen vermutet wird, dass sie von archaischen hominiden Ahnen der modernen Menschen abstammen, die vor ungefähr 800.000 Jahren gelebt haben.[46] Ohne diesen Punkt weiter erörtern zu wollen, steht jedenfalls fest, dass es diverse Beweisketten gibt, die auf eine Weiterentwicklung des ersten *Homo sapiens,* weg von seinem letzten gemeinsamen Vorfahren vor mehr oder weniger 780.000 Jahren, hindeuten.

Angesichts all dieser Fakten ist nicht zu übersehen, dass die Menschheit tatsächlich einen irgendwie ungewöhnlichen evolutionären Anfang nahm und dass das Timing mit der Zerstörung des plejadischen Raumschiffs sowie den vielen anderen wichtigen und bereits erwähnten Ereignissen hervorragend übereinstimmt. Beim nächsten Schritt in dieser Analyse geht es jetzt darum, die spezifischen Unterschiede zu betrachten, die uns von unseren engsten lebenden Verwandten, den Schimpansen, trennen. Damit meine ich nicht die auffälligen physischen Unterschiede, darüber werden wir später reden; zunächst wollen wir sehen, ob es irgendetwas Ungewöhnliches in unserem genetischen Aufbau gibt.

Es gibt etwas, das nicht nur die Kluft zwischen Menschen und allen lebenden Primaten vergrößert, sondern uns auch näher zu unseren menschlichen Vettern bringt, den Neandertalern und Denisova-Menschen. Die Rede ist von der seltsamen Verschmelzung unseres Chromosoms 2. Alle Primaten, mit Ausnahme der heute lebenden Menschen, der Neandertaler und Denisova-Menschen, weisen 48 Chromosomen auf, die zu 24 Paaren miteinander verbunden sind. Alle heute lebenden Menschen haben nur 23 Chromosomen-Paare (abgesehen von einigen wenigen Menschen mit Chromosomenstörungen). Das menschliche Chromosom 2 zeigt Spuren davon, dass es gleich mit zwei Chromosomen unserer Vorfahren verschmolzen wurde. Der genaue Mechanismus, durch den diese beiden archaischen Primaten-Chromosomen ihre schützenden *Telomere* (Merkmale an der Spitze von Chromosomen, die Verschmelzungen verhindern) außer Gefecht setzten, ist noch nicht voll verstanden. Es scheint, dass während des Verschmelzens keine Gene von der Spitze der Ahnen-Chromosomen 2A und 2B verloren gingen.[47]

Die Tatsache, dass Denisova-Menschen und Neandertaler dieselbe Chromosomen-Verschmelzung wie wir aufweisen, bedeutet, dass sie sich vor dem Auftauchen der drei Unterarten ereignete, bei einem gemeinsamen Vorfahren.[48] Wir wissen, dass dies vor mindestens 780.000 Jahren stattfand, doch wir hätten jetzt auch gern Informationen darüber, wann es *spätestens* stattgefunden haben könnte. Um nun herauszufinden, ob die Chromosomen-Verschmelzung ungefähr zu der Zeit eingetreten sein könnte, als die Menschen sich vom Neandertaler trennten, oder näher an der Wegentwicklung von unseren Primatenvorfahren lag, müssen wir uns an einen Experten wenden.

Es gelang mir, die Arbeit von Adam Benton zu sichten, einem Doktoranden für menschliche Evolution an der University of Liverpool, der sich eine ähnliche Frage bezüglich der Verschmelzung dieser Chromosomen gestellt hatte. Als Evolutionsforscher wusste Benton glücklicherweise ganz genau, wonach er zu suchen hatte, um den Zeitraum des Geschehens genauer einzugrenzen.

Die grundsätzliche Annahme lautete, dass wir 23 Chromosomen-Paare besitzen, während unsere Primaten-Vorfahren 24 Paare gehabt haben müssen, so wie es bei allen heute lebenden Primaten der Fall ist. Das ist nicht einfach eine mögliche Schlussfolgerung, es gibt sichtbare Beweise dafür. Wissenschaftler können erkennen, wo genau in der Mitte von Chromosom 2 ein Chromosom aufhört und ein anderes beginnt. Aber wie bereits erklärt, gibt es keine alte DNA aus der Zeit, als der *Homo sapiens* zum ersten Mal auftauchte, um Vergleiche anstellen zu können. Die ältesten Proben sind nur ungefähr 430.000 Jahre alt, wobei man weiß, dass die Verschmelzung wesentlich länger zurückliegen muss.

Da er kein vorzeitliches Referenzmaterial besaß, sah Benton sich die DNA-Struktur selbst genauer an. Als Erstes erklärt er, wie die Dinge auf dieser mikroskopischen Ebene funktionieren. Der DNA-Code besteht aus vier Nukleobasen mit den Anfangsbuchstaben A, C, G und T. Sie stehen für Adenin, Guanin, Cytosin und Uracil. Diese Nukleobasen sind paarweise angeordnet, wobei C & G automatisch zusammenfinden, genau wie A & T. Hierbei handelt es sich nicht um gleichwertige Paarungen, da A & T durch zwei Wasserstoffbrücken verbunden sind, während es bei C & G drei sind. Das bedeutet, dass C & G eine stärkere Bindung aufweisen und dass angesichts der Tatsache, dass alles andere gleich ist, C & G eher in der Lage sind, A & T zu ersetzen, als umgekehrt.

Wenn jedoch eine Veränderung zu C & G ein Gen teilt, wird dadurch die ursprüngliche Stärke der Bindung geschwächt, worauf die entsprechende Mutation verworfen wird. In Einzelfällen, die ungefähr drei Prozent ausmachen, führt das dazu, dass bei diesen Ersetzungen A & T gegen C & G getauscht wird. Wenn wir das menschliche Genom in seiner Gesamtheit betrachten, gleichen sich die Ersetzungsraten aus. Benton betont, dass diese Tendenz aktiv wird, wenn Chromosomen Material durch Neukombination austauschen, so wie es bei den Spitzen von Chromosomen der Fall ist.

Der Verschmelzungsort auf Chromosom 2 zeigt also eine Tendenz zu C & G, doch heute wird dort nicht länger exzessiv neukombiniert, da er sich nicht mehr am Ende des Chromosoms befindet. Das bedeutet, dass das Chromosom etwas weniger C & G aufweist als die Spitze des Chromosoms, weil es seit geraumer Zeit von dieser Tendenz befreit ist. Bentons Berechnungen nach ist dieser Bereich seit ungefähr 750.000 Jahren nicht mehr aktiv, was bedeutet, dass die Verschmelzung nur auf einen Zeitpunkt datiert werden kann, der dieser Angabe relativ nahe ist. Wir wissen bereits, dass die Verschmelzung bei Neandertalern und Denisova-Menschen gegeben war, was bedeutet, dass sie etwas früher erfolgt ist, vor etwa 780.000 Jahren. Einfach ausgedrückt ereignete sich die Verschmelzung von Chromosom 2 zur Zeit der Wegentwicklung des ersten archaischen *Homo sapiens* von seinen hominiden Vorfahren – nicht früher und nicht später.[49]

Mit der zeitlichen Bestimmung dieses Verschmelzungsvorgangs könnte man vielleicht annehmen, dass jetzt alles klar ist, denn wie groß ist schon die Wahrscheinlichkeit, dass er zufällig in dieser wichtigen Zeit eingetreten ist, aber ohne

Bezug zu all den anderen profunden Anomalien in der Vorzeit, die wir erforscht haben? Es mag unnötig erscheinen, noch tiefer in dieses Thema einzutauchen, doch handelt es sich hierbei um eine dermaßen aufregende Enthüllung und eine Behauptung von so enormer Tragweite, dass wir über jeden begründeten Zweifel hinaus feststellen müssen, ob wirklich hochentwickelte außerirdische Wissenschaftler diese Verschmelzung herbeigeführt haben.

Ein Punkt muss in diesem Zusammenhang noch angesprochen werden, und zwar, ob der Verschmelzungsvorgang vielleicht mehrmals bei unterschiedlichen Bevölkerungen abgelaufen ist, wobei getrennt davon eine *konvergente Evolution* ähnliche Resultate erzielte. Forscher haben festgestellt, dass sich bei allen lebenden Menschen die Chromosomen-Verschmelzung an genau derselben Stelle befindet. Dieser Mangel an Variation sagt uns, dass sie nur einmal in einem gemeinsamen Vorfahren stattgefunden hat und sich weder zuvor noch danach jemals wieder in der Menschheit ereignete.

Der nächste Bereich der Ermittlungen betrifft das Ergebnis der Verschmelzung und wie sie beim Menschen überhaupt dominant werden konnte. Manche Wissenschaftler, insbesondere jene, die an die christliche Auffassung des Kreationismus glauben, wonach das Leben und der Mensch buchstäblich so entstanden sind, wie es in den Heiligen Schriften der abrahamitischen Religionen und vor allem in der alttestamentlichen Genesis geschildert wird, haben harte Fragen bezüglich der Details des Chromosom-2-Ereignisses aufgeworfen. Dr. Robert W. Carter, ein Biologe, weist darauf hin, dass chromosomale Verschmelzungen, Teilungen, Dopplungen und Neuanordnungen in den meisten Fällen negative Ereignisse für einen

Organismus darstellen. Es ist äußerst selten, dass spontane Chromosomen-Verschmelzungen neutral sind, und noch seltener, dass sie zu irgendwelchen positiven Veränderungen führen. Die chromosomale Verschmelzung ist ein Hauptgrund für Unfruchtbarkeit, und tatsächlich tendieren die meisten Embryos mit einem so drastischen Fehler dazu, vom Körper der Mutter abgestoßen zu werden.

Doch als seltene Mutation sollte die Verschmelzung des Chromosoms 2 eigentlich nur einmal in einer Generation auftreten, und nur bei einer Person. Auch wenn der Fötus sich entgegen aller Wahrscheinlichkeit behauptet und als Baby lebend geboren wird, hätte diese Anomalie bald wieder verschwinden müssen, aufgegangen in einer größeren Bevölkerung von Menschen mit 48 Chromosomen. Und selbst wenn zum Beispiel mehrere Nachkommen von zwei Schwestern hervorgebracht worden wären und alle die Mutation geerbt hätten – angesichts des Potenzials für Paarungen in der zweiten Generation, wo die Verschmelzung stark bevorzugt erfolgen könnte –, sollte man höchstens eine geringe Anzahl von Menschen mit 46 Chromosomen gegenüber einer Mehrzahl von Menschen mit 48 Chromosomen erwarten. Es ist statistisch äußerst unwahrscheinlich, dass zwei Kinder mit derselben Mutation entstehen, nicht einmal bei denselben Eltern.

Tatsache ist, dass nach allen vorliegenden Daten davon ausgegangen werden kann, dass die frühesten Vorfahren des *Homo sapiens* vor 780.000 Jahren lebten und seitdem sämtliche Nachkommen 46 Chromosomen aufweisen. Die Wissenschaftler können zwar keine definitive Antwort auf dieses Problem geben, haben aber Vermutungen angestellt, zum Beispiel dass dieser Verschmelzungsvorgang bei einer kleinen, isoliert lebenden Bevölkerung stattgefunden und sich danach sehr schnell über die ganze Gruppe verteilt haben könnte. Ein zweiter Vorschlag läuft darauf hinaus, dass die Verschmelzung den Individuen, bei denen sie auftrat, vielleicht einige enorme Vorteile geboten hat. Andere Wissenschaftler gehen davon aus, dass im Sinne der Dominanz der Verschmelzung von Chromosom 2 bei allen Menschen auf der Welt diese Verschmelzung sowohl in einer kleinen, isolierten urzeitlichen Bevölkerung aufgetreten sein als auch außergewöhnliche Vorteile geboten haben muss.

Dieses Ereignis weist stark auf die Beteiligung plejadischer Wissenschaftler hin. Das Muster, das wir hier sehen, stimmt perfekt mit einem wissenschaftlichen Experiment überein, bei dem einer Anzahl Menschen Retortenbabys eingepflanzt wurden. Dadurch entstand eine ganze Generation potenzieller Brutpaare, die diese Verschmelzung aufweisen. Es könnte sogar sein, dass die Außerirdischen selbst 46 Chromosomen hatten. In einer Debatte, die ich kürzlich in einem Wissenschaftsblog las, wurde darüber hinaus erwähnt, dass irgendwie zufällig eine gleichzeitige Mutation aufgetreten zu sein scheint, deren Aufgabe es war, eine spontane Fehlgeburt der mutierten Föten zu verhindern!

In vieler Hinsicht wäre es ideal gewesen, das Experiment an einer kleinen, isolierten Bevölkerungsgruppe durchzuführen, was Australien zum perfekten Ort macht. Australien war seit Millionen von Jahren vom Rest der Welt isoliert gewesen, was die Entwicklung eines breiten Spektrums einzigartiger Spezies ermöglichte. Vor kurzem hörte ich den berühmten Physiker Dr. Michiu Kaku darüber sprechen, dass jedwede Menschen, isoliert in Australiens einzigartigem Ökosystem, beschleunigte evolutionäre Anpassungen erfahren haben müssten.[50] Eine solche Bevölkerung wäre zudem von jeglichen ›normalisierenden‹ Genen anderer menschlicher Gemeinschaften in Afrika, Europa und Asien abgeschnitten gewesen. Alle diese Gründe hätten es sehr wahrscheinlich gemacht, dass neue Mutationen an die gesamte örtliche Gemeinschaft weitergegeben würden.

Unweigerlich drängt sich die Frage auf, worin die Vorteile des genetischen Eingriffs bestanden und welche Folgen er für die neuen Mensch-Alien-Hybride gehabt haben könnte. Das Ziel des Projekts war vermutlich, eine überlegene Spezies zu erschaffen, die über allen anderen menschenähnlichen Formen auf dem Planeten stand. Wir wissen, dass es diesem neuen Wesen schließlich gelang, sämtliche Hominiden auf der Erde, mit denen es konkurrierte, weit hinter sich zu lassen oder sie zu absorbieren, was beeindruckend ist und zudem auf einen fantastischen Upgrade dieser Spezies hindeutet.

Manuel Ruiz Réjon von der Granada University erklärt:

> »Es besteht die Möglichkeit, dass die Chromosomen-Verschmelzung, die zu unserem Chromosom 2 geführt hat, mit dem Erscheinen unserer charakteristischen Eigenschaften assoziiert war. Daher sind mehrere Gene in unserem Chromosom 2, die in unmittelbarer Nähe der Chromosomen-Verschmelzung gefunden werden, in unserer Spezies ausgeprägter als bei den großen Affen. Diese Gene kommen vor allem in hochwichtigen Geweben und Organen zum Ausdruck, unter anderem im Gehirn und in den Gonaden. Zum zweiten könnte der Verlust bestimmter DNA-Sequenzen als Resultat der Verschmelzung ›positive‹ Auswirkungen auf unsere Vorfahren gehabt haben.«[51]

Der Verschmelzungsort des Chromosoms 2 befindet sich direkt im *Intron*, des nicht codierenden Abschnitts der DNA innerhalb eines Gens, wobei es höchst ungewöhnlich ist, dass Verschmelzungen im *Intron* funktionaler Gene stattfinden. Das bringt uns zu der Frage, welches Gen involviert ist und welche Funktion es hat. Das in Frage kommende Gen trägt die Bezeichnung DDX11L2 und verschafft sich in der Regel in Zellen Ausdruck, die Aufgaben im Zusammenhang mit dem Nervensystem, Muskelsystem, Immunsystem und Reproduktionssystem wahrnehmen. Das sind einige besonders wichtige Bereiche, die ein außerirdischer Wissenschaftler vielleicht modifizieren würde. Der Verschmelzungsort enthält überdies eine DNA-Sequenz, die bekannt ist als Bindungsstelle für den Transkriptionsfaktor, ein Protein, das für die RNA-Synthese von Bedeutung ist. Es verändert die Art, wie sich die Gene ausdrücken werden.[52]

Bei der Erwähnung von Genen, die mit dem Chromosom 2 zusammenhängen, stellt man sich natürlich unwillkürlich die Frage, inwiefern ein möglicher Eingriff vielleicht auch eine Bedeutung für das menschliche Gehirn gehabt haben könnte. Schließlich muss jedes Upgrade einer ganzen Spezies zum Ziel haben, sie mit einer überlegenen Intelligenz auszustatten. Es sollte daher als deutliches Zeichen für eine Einmischung angesehen werden, wenn wir plötzliche, vorteilhafte Veränderungen in unserer Gehirnstruktur ungefähr zur Zeit des Verschmelzungsvorgangs identifizieren können.

Sehen wir irgendwelche auffallenden Veränderungen im menschlichen Gehirn vor etwa 780.000 Jahren?

Seit mehreren Jahrzehnten sind Evolutionsforscher damit beschäftigt, die mysteriöse jähe Vergrößerung des menschlichen

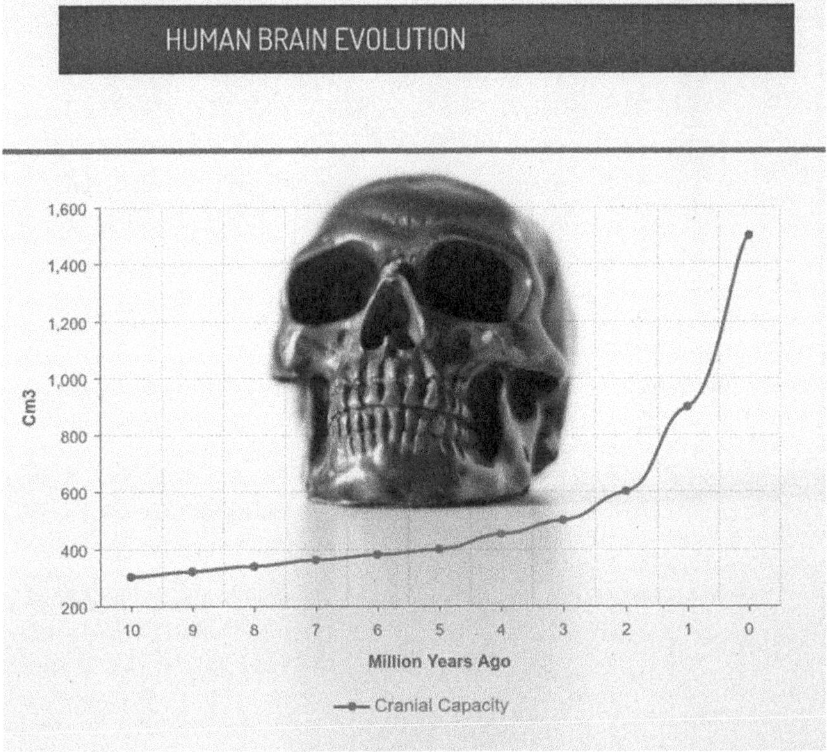

Gehirns zu untersuchen, die vor rund 800.000 Jahren einsetzte und bis vor 200.000 Jahren andauerte.[53] Es war eine Phase der beispiellosen Entwicklung des Gehirns.[54] Vor dieser Zeit hatte die Größe unseres Gehirns nur in Übereinstimmung mit der Körpergröße zugenommen. Diese Veränderung ist in mehrerlei Hinsicht seltsam, wenn man bedenkt, dass ein rapide vergrößertes Gehirn beachtliche Energie benötigt, die von andern Körperfunktionen, einschließlich der Muskeln, abgezogen werden muss. Schwäche ist wahrscheinlich kein guter Ausgleich für

Gehirnwachstum in einer Zeit, in der die Wesen mit allen Mitteln um ihr Überleben kämpfen mussten.

Außerdem müssen wir uns klar machen, dass Veränderungen der Kopfgröße eine entsprechende Modifikation bei der Dehnbarkeit des Geburtskanals erfordern. Das Auftauchen bedeutend größerer Köpfe würde direkt mit der Notwendigkeit kollidieren, durch den engen Geburtskanal der Mütter ans Licht der Welt zu gelangen. Was ohne Zweifel zu einer sehr hohen Sterblichkeitsrate bei Müttern und Babys führen würde.

Wenn Sie diese negativen Faktoren näher betrachten, wird deutlich, dass ein schnell wachsendes Gehirn große Nachteile mit sich bringt, so dass fraglich bleibt, ob dies für eine Spezies in den ersten Generationen nach der Chromosomen-Verschmelzung gut ist. Wir werden später noch einmal auf diese Probleme zurückkommen und ein paar merkwürdige Neuerungen bei den ersten Menschen untersuchen, die eine potenzielle Auslöschung aufgrund der oben erwähnten ›Upgrades‹ verhinderte.

Für den Moment wollen wir uns auf ein paar spezifische Gene konzentrieren, die Teil der Modifikation des menschlichen Gehirns gewesen zu sein scheinen. Das erste auffallende Gen trägt die Bezeichnung ARHGAP11B. Es stellte sich heraus, dass dieses Gen zwar in den menschlichen neuralen Vorläuferzellen eingeschaltet und hochaktiv war, nicht aber in den untersuchten Zellen von Mäusen. Marta Florio, Molekular- und Zellbiologin am Max-Planck-Institut, erklärte, dass diese kleinen Fitzelchen von DNA, gerade mal 804 Buchstaben lang, einst Teil eines viel größeren Gens waren. Das Team war verblüfft über die Art und Weise, wie dieses Fragment dupliziert worden war, so als wäre ein Gen kleingeschnitten und das erwünschte Stückchen kopiert worden, bevor es wieder in das menschliche Genom eingesetzt wurde. Das ist etwas, was Menschen heute mit Hilfe der sogenannten CRISPR-Methode zur Überarbeitung von Genen tun können – doch nicht etwas, das man in einer Zeit vor Hunderttausenden von Jahren erwarten würde.

Genau dieses Gen scheint es nur beim Menschen zu geben. Es kommt nicht in Primaten vor, interessanterweise aber sowohl im Genom von Neandertalern als auch beim Denisovan-Menschen. Dies sagt uns, dass die Replikation und Einfügung vor der heute zuverlässig datierten Trennung dieser Menschengruppen stattfand. ARHGAP11B ermöglicht dem jüngsten Teil des Gehirns, dem sogenannten Neocortex, wesentlich mehr Neuronen zu enthalten. Manche Wissenschaftler vermuten, dass dieses kleine DNA-Fragment die Basis für die massive Erweiterung des Gehirns gelegt hat. Der menschliche Neocortex mit seinen ausgeprägten Neuralfalten ermöglicht eine wesentlich umfassendere Verarbeitung von Informationen, als es einem einfach nur größeren Gehirn möglich wäre.[55]

Noch einige andere Gene scheinen nur für den Menschen maßgeschneidert zu sein, was uns von den Primaten trennt, und manche davon haben mit unserer komplexen Gehirnstruktur zu tun. Auch ein Gen namens miR-941 hat eine entscheidende Rolle bei der Entwicklung des menschlichen Gehirns gespielt. Es ist hochaktiv, wenn es um kontrollierte Entscheidungsfindung und die Erlangung von Sprachkenntnissen geht. Das Studium des Gens hat Forscher zu der Spekulation veranlasst, dass seine Beteiligung an höheren Gehirnfunktionen fundamental ist für das, was uns zu Menschen macht.

Es scheint, als sei dieses Gen voll funktionsfähig aus nichtkodiertem genetischen Material entstanden, DNA, das Wissenschaftler als *Junk DNA* bezeichnen – und das Ganze in einem sehr kurzen evolutionären Zeitfenster. Während das Datum des ersten Erscheinens des Gens vielleicht eine Million Jahre zurückliegt, wissen wir, dass es der Abspaltung des Denisovan-Menschen (frühen Menschen) vorausging, da auch er dieses Gen besitzt. Wenn wir den Ausführungen von Martin Taylor Glauben schenken wollen, einem Mitglied des miR-941-Forschungsprojektes an der University of Edinburgh, trat dieses Ereignis gleichzeitig mit dem plötzlichen rapiden Gehirnwachstum auf, von dem wir bereits gesprochen haben. Taylor erklärt, dass die Gene »... aus dem Nichts aufgetaucht sind, zu einer Zeit, als unsere Spezies dramatische Veränderungen durchlief ...«[56]

Vielleicht eines der berühmtesten Gene ist FOXP2, da es eng mit dem menschlichen Sprachvermögen in Verbindung steht. Forscher vom Massachusetts Institute of Technology (MIT) sowie mehreren europäischen Universitäten haben nachgewiesen, dass die menschliche Version des Gens es leichter macht, neue Erfahrungen in Routinevorgänge umzuwandeln. Neurowissenschaftler ihrerseits haben herausgefunden, dass Mutationen in diesem Gen in den letzten 500.000 Jahren mehrere Male aufgetaucht sind und eine bedeutende Rolle bei unserer Fähigkeit spielen, Sprache hervorzubringen und zu verstehen. Vielleicht weniger gut bekannt ist die Tatsache, dass die ursprüngliche Version des FOXP2-Transkriptionsfaktors, der die synaptische Verbindung und Formbarkeit in neuronalen Schaltkreisen erhöht, auch bei Neandertalern und Denisovan-Menschen vorhanden war.[57] Es scheint klar zu sein, dass unsere außerirdischen Wohltäter uns die Möglichkeit geben wollten, miteinander zu reden.

9

Kinder der Erde

»Viele von uns wurden künstlich mit unserem eigenen Samen geschwängert, der genetisch modifiziert worden war, um ein neues Wesen hervorzubringen, in der Lage, mit der Sonne und Atmosphäre dieses Ortes umzugehen. Wichtiger noch, das Neugeborene würde ein Wesen des Lichts sein.«

Eine ›upgegradete‹ menschliche Spezies mit größerer Gehirnkapazität zu erschaffen musste unvermeidlich gewaltige Herausforderungen mit sich bringen. Am drängendsten war dabei wohl die Frage, wie man dafür sorgen konnte, dass ein bedeutend größerer Kopf durch den existierenden engen Geburtskanal passte. Wenn die ganze nächste Generation von Babys ihre Mütter dazu brachte, bei der Geburt zu sterben, wobei sie vermutlich selbst den Tod fänden, hätte das Experiment umgehend zur Auslöschung dieses ›neuen‹ Menschen geführt. Anscheinend umgingen die außerirdischen Wissenschaftler dieses

Problem auf geniale Weise, indem sie den Wachstumszyklus des Fötus dahingehend veränderten, dass die Geburt eintrat, bevor das Neugeborene voll entwickelt war.

Die Mehrheit der Säugetier-Föten entwickelt sich in der Gebärmutter bis zu einem hohen Reifegrad, bevor sie geboren werden. Das bietet den Jungtieren den Vorteil, schon kurz nach der Geburt ein angemessenes Maß an Selbständigkeit zu erreichen. Wir können sehen, dass viele Säugetiere Junge hervorbringen, die bereits Stunden später laufen können und innerhalb weniger Wochen in der Lage sind, die Muttermilch durch die Nahrung zu ergänzen, die sie sich selbst suchen. Zudem erlaubt ihre Beweglichkeit den Jungtieren, potenziellen Raubtieren zu entkommen und vor anderen Gefahren zu flüchten.

Wenn wir uns zum Beispiel Pferde ansehen, erkennen wir, dass ein Fohlen beinahe sofort auf eigenen Füßen steht und laufen kann und dass es innerhalb eines Jahres fast zu seiner erwachsenen Höhe und Größe (ungefähr 80 Prozent) heranwächst und dann mit etwa zwei Jahren die Pubertät erreicht. Nach rund vier Jahren ist das Fohlen ein ausgewachsenes Pferd und wird wahrscheinlich seine Zwanziger erreichen, wenn alles gut geht. In Bezug auf Menschenbabys könnten die Dinge und die Entwicklungsstadien, die es durchläuft, nicht unterschiedlicher sein.

Menschenbabys werden geboren, während sie sich in den fötalen Stadien der Entwicklung befinden. Das wird deutlich, wenn wir uns bei Neugeborenen die Schädelknochen ansehen, die noch nicht zusammengewachsen sind, und in der mangelnden Kraft der Wirbelsäule, die nicht einmal in der Lage ist, das Gewicht ihres eigenen Kopfes sicher zu tragen. Unsere

Nachkommen sind bezüglich Nahrung im höchsten Grad abhängig von ihren Müttern, denn für weitere sechs Monate nach der Geburt nehmen sie ihre einzige Form von Nahrung durch den Körper der Mutter auf. Ungefähr genauso lange – sechs Monate – dauert es, bis die Halsmuskeln stark genug sind, um den Kopf zu tragen, und das Baby mit den ersten Krabbelversuchen beginnt. All dies, während das menschliche Gehirn weiterhin in einem unglaublich schnellen Tempo wächst. Wenn wir für einen Moment an unser Fohlen erinnern, könnte der Unterschied nicht gravierender sein. Innerhalb weniger Stunden nach der Geburt kann es bereits gehen und sogar schon galoppieren.

Als Fötus auf die Welt zu kommen gibt unserer Spezies die Möglichkeit, eine lange Phase rapiden Gehirnwachstums außerhalb der Gebärmutter zu durchlaufen. Außerdem erspart es der Mutter zusätzliche Schmerzen und das extrem hohe Risiko, während der Geburt zu sterben. Dafür dauert unsere Zeit als Kleinkind eben erheblich länger. Erst mit etwa achtzehn Monaten lernt ein Kind zu laufen und das Sprechen in der Regel mit ungefähr zwei Jahren, gleichzeitig mit dem Zusammenwachsen der Schädelknochen. Dies mag das Ende unseres fötalen Zustandes sein, in dem wir erstaunlich verletzbar und fragil sind, doch findet er – wie gesagt – seine Fortsetzung in einer ungewöhnlich langen Kindheitsphase, in der das Kind ständig auf elterliche Fürsorge angewiesen ist.

Auch wenn sich alle Kinder voneinander unterscheiden, wird doch kein Kind körperlich ausgereift oder fortpflanzungsfähig sein, bevor es zwischen zehn und sechzehn Jahre alt ist. Innerhalb dieses Zeitraums haben viele unserer Säugetier-Verwandten ihren kompletten Lebenszyklus bereits vollendet oder sind auf dem Weg in ihre letzten Jahre physischen Verfalls. Selbst nach all diesen Jahren ist ein Mensch weder körperlich noch psychisch voll entwickelt, doch zumindest ist er jetzt in der Lage, sich selbst am Leben zu erhalten.

Menschen sind das, was sie heute sind, vor allem aufgrund ihrer auffallend verlängerten Reifezeit. Der korrekte Begriff für diese verlängerte Kindheit lautet *Neotenie*, das beschreibt den unvollkommenen Entwicklungszustand eines Organs. Ich könnte mir vorstellen, dass viele Leser diesen Begriff noch nie gehört haben, da es sich hierbei um ein Thema handelt, das selten außerhalb akademischer Kreise diskutiert wird. Er ist mit dem besser bekannten Begriff *neonatal* (neugeboren) verwandt und hängt mit der Entwicklung von Kleinkindern zusammen – genauer gesagt mit der Beibehaltung juveniler Eigenschaften in einem erwachsenen Tier und der sexuellen Reife eines Tiers, während es sich noch vorwiegend in einem Larvenstadium befindet. *Neotenie* bezeichnet nämlich gleichermaßen den Eintritt der Geschlechtsreife im Larvenstadium. Auch der Begriff *Pädogenese*, Fortpflanzung bereits im Larvenstadium, bezieht sich auf dieses faszinierende Phänomen.

Das vielleicht am besten bekannte Beispiel eines äußerst neotenischen Wesens ist der mexikanische Axolotl, ein im Wasser lebender mexikanischer Schwanzlurch. Der Axolotl ist im Grunde ein Salamander im Larvenstadium, der sich in dieser juvenilen Form vermehren kann und in der Regel nie erwachsen wird. Auch wenn der Axolotl sich physisch sehr von Salamandern unterscheidet, ist ihre DNA doch identisch. Wissenschaftler haben entdeckt, dass Salamander im Larvenstadium Jod benötigen, um den Reifeprozess auszulösen. In den

Tümpeln der Gegenden, in denen der Axolotl lebt und wo seine Jungen ausgebrütet werden, gibt es zu wenig Jod. Es scheint, dass irgendwann in der Vergangenheit einige der jungen Wesen sich an ihre problematischen Umgebungen angepasst haben, indem sie fruchtbar wurden, ohne je zu landlebenden Salamandern heranzuwachsen. Manche Axolotls, eine winzige Minderheit, kriechen irgendwann aus ihren Tümpeln und werden zu Erwachsenen.

Der wohl häufigste Grund, warum so viele Menschen unwillkürlich in Abwehrhaltung gehen, wenn man ihnen sagt, dass der moderne Mensch von einem affenähnlichen Primaten abstammt, hat damit zu tun, dass wir einfach so vollkommen anders aussehen als lebende Primaten. Sofort werden die körperlichen und morphologischen Unterschiede zu den extremen Verhaltensunterschieden zwischen Affe und Mensch hinzuaddiert. Das Gefühl, eine völlig andere Spezies zu sein, ist unter uns Menschen weit verbreitet. Doch in Wahrheit gibt es äußerst enge Verbindungen zwischen allen Primaten, uns Menschen eingeschlossen, wenn es auch andererseits einige tiefgreifende Unterschiede gibt.

Es wird oft behauptet, dass wir beinahe 99 Prozent unserer DNA mit den Schimpansen gemeinsam haben, und in einem gewinnen Sinne trifft das auch zu, aber im Grunde hängt es davon ab, wie man die Genome der beiden Spezies miteinander vergleicht.

Wenn wir uns die verschiedenen Mutationen, Segmentwiederholungen, Auslassungen bestimmter Bereiche anschauen und welche Gene gerade aktiv oder ausgeschaltet sind, dann kann diese hohe Zahl deutlich nach unten korrigiert werden. Wo es wirklich entscheidend ist – im genetischen Ausdruck –, weisen Menschen offenbar diverse unübersehbar tiefgreifende Unterschiede zu Schimpansen auf. Und was ist mit unserem einzigartigen Aussehen?

Wenn wir einmal die primären anatomischen Überschneidungen beiseite lassen, sehen Menschen völlig anders aus als Schimpansen. Das kann jeder leicht erkennen. Und wenn wir ebenfalls Primaten sind, im Wesentlichen eine Form des aufrecht gehenden Affen mit einem ungewöhnlich großen Gehirn, warum sehen wir dann so anders aus?

Die Antwort darauf, wie moderne Menschen zu ihrem ungewöhnlichen Äußeren gelangten, kann in einer Erforschung des neotenischen Prozesses gefunden werden. Schauen Sie sich Schimpansen einmal genau an, vor allem das Kopfprofil von jungen Schimpansen – die Ähnlichkeit mit dem Kopf eines Menschenkindes ist erstaunlich. Einige unserer Merkmale, unter anderem ein unverhältnismäßig großer Kopf, abgerundeter Schädel, flaches Gesicht, das Fehlen dichter Körperbehaarung und diverse andere Eigenschaften, sind bei Menschen und jungen Schimpansen gleich. Wir müssen uns eingestehen, dass wir in gewisser Hinsicht ähnlich aufgebaut sind wie ein Axolotl: Der Mensch ist ein Affe, der sein Leben lang in seiner Kindheit steckenbleibt.

Darüber hinaus können wir sehen, dass unser Gesicht heute flacher ist als in der Frühzeit, weil wir im Verhältnis zur Größe unseres Kiefers zu viele Zähne haben. Bei den meisten Menschen stehen die Zähne mehr oder weniger schief, und vielen von uns müssen Zähne gezogen werden, damit andere gerade wachsen können. Der Grund dafür ist, dass wir den vorstehenden Unterkiefer verloren haben, der typisch ist für erwachsene Affen. Die Evolution des Mund- und Kieferbereiches hat bisher nicht ganz mit dem plötzlichen Abflachen unseres Gesichts mitgehalten.

Die auffallende Neotenie beim Menschen begann ungefähr zu der Zeit, als die ersten Mitglieder unserer Gattung *Homo* auftauchten, irgendwann vor zwei bis drei Millionen Jahren.[58] Diese ursprüngliche Entwicklung der Neotenie verlängerte die Reifezeit und ermöglichte damit ein Expandieren des menschlichen Gehirns, wenn auch nur allmählich. Wir erinnern uns vielleicht, dass die Plejader uns wissen ließen, die ersten archaischen Menschen seien von einer rivalisierenden außerirdischen Spezies erschaffen worden, und es ist denkbar, dass diese erste neotenische Veränderung mit dem ursprünglichen genetischen Eingriff beim *Homo genus*, der Gattung Mensch, zu tun hatte.

Wissenschaftler haben festgestellt, dass die unvollständige Kopie eines Segments des vorzeitlichen Gens SRGAP2 am Beginn des *Homo genus* stand. Dieses Ereignis brachte ein neues Gen hervor, SRGAC2, das die Entwicklung der Wirbelsäule verlangsamte und so die neuronale Umstellung erleichterte. Das neue Gen hatte eine dramatische Wirkung auf die Dendriten in der Wirbelsäule, langen Fortsätzen der Neurone genannten Nervenzellen, über die Signale von anderen Neuronen empfangen werden. Dieses anatomische Substrat spielt bei der Speicherung von Erinnerungen und der Übertragungsfähigkeit von Synapsen eine Rolle und erhöht vermutlich auch die potenziellen Kontakte zwischen den Neuronen im Gehirn. Die erwähnte Mutation führte zu einer höheren synaptischen Dichte beim Menschen, verglichen mit anderen Primaten.

Die Wissenschaftler, die das SRGAC2 untersuchten, fanden heraus, dass etwa 48 Prozent der Gene, die an der Entwicklung des präfrontalen Cortex, eines Teils des Frontallappens der Großhirnrinde, beteiligt sind, im Laufe des Alterungsprozesses bei Menschen und Schimpansen unterschiedlich verlaufende Veränderungen durchmachen.

Eine in einem wissenschaftlichen Text angebotene Zusammenfassung besagt, dass beim Menschen ein »bemerkenswerter Überschuss an Genen« existiert, der für die Entwicklung des präfrontalen Cortex sorgt. Dies führt im Vergleich mit Schimpansen zu einem »größeren neotenischen Ausdruck beim Menschen«. Der auffallende Kontrast zwischen den beiden Spezies lässt sich am besten durch die neotenische Hypothese der menschlichen Evolution erklären, wonach wir im Wesentlichen ein neotenischer Affe sind.[59]

Die Plejader hatten wesentlich Größeres im Sinn als die Erschaffung einer einfältigen, unterwürfigen menschlichen Spezies, und daher beschleunigten sie den bereits existierenden Prozess der Neotenie im Menschen drastisch. Das war nicht nur nötig, um uns zu größeren Gehirnen zu verhelfen, ohne in der Kindheit zu sterben, es sollte auch grundlegend die Art verändern, wie wir uns verhielten, dachten und kommunizierten. Erwähnenswert ist in diesem Zusammenhang, dass die Beibehaltung der feinen Körperbehaarung, typisch für die letzten Entwicklungsstufen eines Affenfötus, Menschen befähigen würde, schnell überschüssige Hitze abzugeben. Überhitzung ist ein potenzielles Problem für Wesen mit großen Gehirnen, da das Gehirn eine Menge Kalorien für neuronale Prozesse verbrennt.

Darüber hinaus hat Neotenie auch Auswirkungen auf den psychischen Aufbau des Menschen. Kleinkinder haben eine größere kognitive Flexibilität, sie lernen viele neue Fertigkeiten gleichzeitig, benutzen abstraktes Denken und zeichnen sich durch wundervolle Assoziationen ihrer Vorstellungskraft aus. Das Gehirn eines Kindes ist voll auf Neugier eingestellt, unterstützt den Hunger nach Lernen und verfügt über erstaunliche Kapazitäten bei der Informationsaufnahme. Die neuralen Netzwerke sind sehr plastisch und flexibel, wenn wir jung sind, und verschalten sich kontinuierlich neu, um weiteren Aufgaben gerecht zu werden. Kleinkinder sind spezialisiert auf die Wiederholung von beobachtetem Verhalten – sie müssen es sein, um heranreifen zu können. Eine entscheidende Eigenschaft junger Tiere ist der Wunsch zu spielen, und extreme Spielfreude kann in den Nachkommen fast aller Säugetierarten beobachtet werden.

Erwachsene Tiere sind in der Regel sehr festgefahren in ihrer Ausdrucksweise. Sie spezialisieren sich auf eine Reihe von Fertigkeiten und fixieren sich dann darauf, eine kleine Zahl essenzieller Aktivitäten zu wiederholen. Erwachsene Tiere haben generell kein großes Interesse am Spielen, sondern konzentrieren sich stattdessen fast ausschließlich darauf, ein Zuhause zu schaffen, Partner zu finden, Junge aufzuziehen und nach Nahrung zu suchen. Menschen hingegen wurden – indem sie bis ins Erwachsenenalter eine kindhafte Gehirnstruktur behalten – zur vielleicht geistig flexibelsten und am besten an ihre Umwelt angepassten Spezies auf der Erde. Viele typische Eigenschaften der Psyche erwachsener Menschen, wie unsere enorme Neugier, Verspieltheit, das offene Zeigen von Zuneigung und tatsächlich auch ein Großteil unseres komplexen sozialen Verhaltens, sind auf Neotonie zurückzuführen.

Es gab auch handfeste gesellschaftliche Auswirkungen, die mit einer verlängerten Neotonie einhergingen. Bei einer Spezies, deren Junge schon kurz nach der Geburt laufen und sich Nahrung suchen können, müssen Erwachsene weniger Zeit und Energie für das Aufziehen ihrer Nachkommen verwenden. Extrem unabhängige Junge hervorzubringen, verringert die Notwendigkeit für einen Erwachsenen, sich am gemeinschaftlichen Leben zu beteiligen und komplexes soziales Verhalten zu zeigen – sich in Gruppen zu bewegen ist lediglich eine Möglichkeit, den Schutz vor Raubtieren zu vergrößern und die Chancen für das Finden von Nahrung zu verbessern.

Die langwährende totale Abhängigkeit menschlicher Kleinkinder von ihren Müttern und ihre enorme Verletzbarkeit machen es fast unmöglich für sie, ohne Hilfe einer erweiterten Familiengruppe das Erwachsenenalter zu erreichen. Wenn wir uns eine einsame Mutter mit ihrem Baby vorstellen, wie sie über viele Monate hinweg genug Nahrung für die Produktion von Milch sammeln muss, während sie das Baby in den Armen hält, wird offensichtlich, dass dies extrem unpraktisch wäre. Außerdem würde diese Mutter sich und ihr Kind allein gegen gefährliche Angreifer verteidigen müssen. Menschen sind relativ schwach, sie haben weder Hörner noch Klauen, noch lange Fangzähne. Es gibt nur sehr wenige große Raubtiere, die ein Mensch in einem direkten Kampf ohne Waffen besiegen kann.

Eine Mutter mit ihrem Baby ist sowohl verletzbar als auch eingeschränkt bei ihrer Nahrungssuche. Sie braucht mindestens einen Partner, der es auf sich nimmt, ihr zu helfen. Damit ein Menschenkind überleben kann, bedarf es tatsächlich der Anstrengungen einer großen Gruppe, die gemeinsam Nahrung sammelt, ihre Ressourcen teilt sowie viele erwachsene Betreuer aufweist. Wir können davon ausgehen, dass unsere frühen Vorfahren als Spezies nicht hätten gedeihen können, ohne Gemeinschaften zu bilden.

In vieler Hinsicht steht Neotenie für den Funken, der zu menschlichen Gemeinschaften führte. Jede geistig gesunde Mutter will, dass ihr Baby überlebt, und wird ihr Bestes tun, um dieses Ziel zu erreichen. Daher ist es für eine Mutter optimal, einen Partner mit derselben Hingabe zu finden, enge Beziehungen mit unmittelbaren Familienmitgliedern aufrechtzuhalten und mit anderen Erwachsenen soziale Verträge zu gegenseitiger Hilfe und Unterstützung einzugehen. Tatsächlich wissen wir heute, dass ein Großteil unseres komplexen Gehirns dem Verarbeiten von Informationen über andere Menschen dient und dass es äußerst wertvoll ist, mehr über andere Menschen zu wissen und wie man innerhalb einer hoch komplizierten Gruppenstruktur am besten eine optimale Position beibehalten kann. Im Wesentlichen sind unsere Gehirne vorprogrammiert auf das Tratschen und soziale Netzwerken – daher ist es nicht überraschend, dass die meisten Menschen beide Aktivitäten heute noch lieben!

Evolutionswissenschaftler haben außerdem gefolgert, dass viele neotenische Eigenschaften bei der Wahl eines Partners stark bevorzugt werden. Die Frauen haben heute erheblich mehr neotenische Gesichtszüge als Männer. Sie haben in der Regel weniger Körperbehaarung, kleinere Nasen, größere Augen, flachere Gesichter und weniger ausgeprägte Kieferpartien. Diese und andere kindhafte Merkmale ziehen offensichtlich männliche Partner an und haben dafür gesorgt, dass diese Eigenschaften verstärkt werden. Gleich mehrere Studien belegen inzwischen eindeutig, dass Männer Frauen mit ausgeprägter Neotenie vorziehen.

Es hat sich sogar herausgestellt, dass viele typisch neotenische Merkmale solchen vorgezogen werden, die wir oft mit sexueller Attraktivität in Verbindung bringen, wie gut geformte Hinterteile und Brüste. Bedenken Sie, dass selbst eine Frau mit einer perfekten Figur, langen Beinen, großen festen Brüsten und üppiger Haarpracht es schwer haben wird, einen idealen Partner zu finden, wenn ihr Brusthaare und ein voller Schnurrbart wachsen und schwere Augenbrauen und ein hervorstehendes Kinn ihr Gesicht markant erscheinen lassen. Erwachsene Affenmerkmale wie die hier beschriebenen werden bei weiblichen Menschen nicht als erstrebenswert betrachtet.

Es wird vermutet, dass die natürliche Programmierung des Mannes, Kindern zu helfen und sie zu beschützen, dazu führte, dass sie diese angeborenen Fähigkeiten häufiger Frauen mit kindhaften Merkmalen zukommen ließen. Frauen hingegen wählten Männer, die einen aktiven, beschützenden Drang in Bezug auf Kinder hatten, was diese Eigenschaften in Männern wiederum verstärkt hat. Wir können leicht erkennen, wie dies eine Feedback-Schleife erschafft und dafür sorgt, dass die meisten erfolgreichen Paarungen bei Frauen mit einer ausgeprägten Neotonie zustandekommen und ihre Gene Kinder (sowohl weibliche als auch männliche) mit den gleichen neotenischen Merkmalen begünstigen.[60]

Die Entwicklung einer stärkeren Neotenie lässt sich nicht zuletzt bei einigen anderen Spezies beobachten, besonders bei Haustieren. Das ist insofern faszinierend, da von dem Moment an, als unsere einst wilden Vorfahren in das gentechnische Zuchtprogramm aufgenommen wurden, sie von den außerirdischen Wissenschaftlern gezähmt wurden. Diese langlebigen Besucher auf unserem Planeten achteten darauf, dass mehrere

Generationen Eigenschaften entwickelten, die sie bevorzugten, während gleichzeitig problematische Inzuchtergebnisse vermieden wurden. Das ähnelt sehr der Art und Weise, wie wir Tiere – zum Beispiel Hunde – über viele Generationen der wohlüberlegten Auswertung ihres Stammbaums hinweg nach unseren Vorstellungen geformt haben.[61]

Es ist recht wahrscheinlich, dass nach Beendigung der direkten Führung, vielleicht als die Bevölkerungsgröße die Grenzen eines solchen Einflusses überstieg, ein Prozess der Selbstdomestizierung begann. Die Vorliebe für Partner mit einer prosozialen Sichtweise garantierte die andauernde Zähmung der menschlichen Natur. Die Plejader mögen diesen Ball ins Rollen gebracht haben, doch wir selbst haben ihn ins Tor gekickt.

»Ein Grund, warum Wissenschaftler behaupten, dass Menschen selbstdomestiziert sind, liegt in unserem Verhalten: Moderne Menschen sind fügsam und tolerant, ähnlich domestizierten Gattungen; unsere kooperativen Fähigkeiten und unser prosoziales Verhalten sind Schlüsselfaktoren unserer modernen Wahrnehmung«, sagt Professor Cedric Boeckx. »Der zweite Grund ist der, dass moderne Menschen, verglichen mit Neandertalern, eine feingliedrigere Erscheinungsform zeigen, ähnlich der bei domestizierten Tieren, im Vergleich mit ihren wild lebenden Artgenossen.«[62]

Während einige vor kurzem durchgeführte Studien zu dem Ergebnis kamen, dass es statistisch gesehen eine beträchtliche Anzahl von Genen gibt, die mit Domestizierung zusammenhängen und eine Überschneidung zwischen modernen Menschen und verschiedenen domestizierten Tieren zeigen, ist diese genetische Überschneidung bei Neandertalern jedoch interessanterweise nicht festgestellt worden.

Wenn wir uns Neandertaler anschauen, ist klar, dass sie weniger neotene Merkmale aufweisen als heutige Bevölkerungen. Es hat den Anschein, als ob die Neandertaler an irgendeinem Punkt in der Vorzeit in kleine, isolierte Familiengruppen zerfielen und ein wildes, primitives Leben führten. Indem diese Neandertaler einen weniger domestizierten Weg einschlugen, veränderte sich ihre Morphologie, die endlose Kindheit war verloren, und allmählich wurden sie zu erwachsenen Menschen – mehr in Form von Riesenaffen.

Allem Anschein nach trennt diese zwei Menschengruppen im Grunde nicht so sehr ihre genetische Divergenz, sondern vielmehr die Andersartigkeit ihres Verhaltens. Aufgrund epigenetischer Ursachen begannen sich die Entscheidungen der Neandertaler auf den Gen-Ausdruck auszuwirken. Indem unsere Vorfahren komplexes soziales Verhalten aufgaben, wurden einige der damit in Verbindung stehenden neotenen Veränderungen aufgehoben. Es scheint, dass wir mehr oder weniger buchstäblich das Produkt unserer Denkweise und Handlungen sind. Jede Aktivität, die wir gerade durchführen, jede Idee, die uns in den Sinn kommt, formt nicht nur uns selbst, sondern auch unsere Nachkommen. *Wir sollten besser jetzt entscheiden, wie die Menschen in der Zukunft sein sollten!*

Es ist glasklar, dass die Besucher von den Plejaden in Bezug auf die Menschheit stets den Plan verfolgten, ihnen die Fähigkeit zu geben, ihr Schicksal selbst zu bestimmen, ihre Zukunft selbst zu wählen und sich nach ihren Wünschen selbst zu formen. Das liegt in unserer DNA, ist im Code einprogrammiert. Neandertaler kehrten irgendwann in die Wildnis zurück und führten mit ihrer jeweiligen Familie eine sozial weniger komplexe Lebensweise. Moderne Menschen sind einen anderen

Weg gegangen, einen Weg, der sie zu verstärktem sozialen Netzwerken und menschlicher Interkonnektivität geführt hat. Und diese Wahl hat uns in die heutige Zeit voller unglaublicher Möglichkeiten gebracht.

Unsere technologische Entwicklung wird uns schon in nächster Zukunft hinauf zu den Sternen bringen. Das wird eine Errungenschaft sein, die andere Wesen bereits vor einer Ewigkeit leisteten und die es ihnen erlaubte, diesen Planeten zu besuchen. Vielleicht haben sie immer gehofft, dass einige von uns eines Tages hinauf zu den Sternen blicken, sie irgendwo da draußen in der Weite des Alls fühlen und das starke Bedürfnis verspüren, ihnen als Gleiche unter Gleichen zu begegnen. Dabei haben die Sternenmenschen – das sollten diese Ausführungen deutlich gemacht haben – sich nie völlig von der Erde abgewandt, sondern vielmehr einen konstanten, wenn auch begrenzten Kontakt aufrechterhalten. Diese Beziehung ist seit Beginn unserer Spezies bis heute unverändert geblieben.

Moderne Menschen haben sich zu Freidenkern, Künstlern, Multitaskern, Freunden entwickelt, die unter dem Sternenhimmel tanzen. Und genauso haben indigene Bevölkerungen seit Jahrtausenden gelebt, in engen Beziehungen miteinander, mit ihrem Land, den Tieren, Spirits und Sternenbesuchern. Jene unter uns in den ›entwickelten‹ Ländern sehen, wie uns die Möglichkeit für diese Lebensweise immer mehr genommen wird, durch soziale Strukturen, die abstraktes Denken unmöglich machen, Menschen auf extreme Spezialisierung begrenzt und die Idee verbreitet, dass *ein Job* den vielen Modalitäten des Lebens gerecht werden kann. Es gibt sogar Strafen für solche, die jenseits der Norm zu denken wagen oder Ansichten zeigen, die der orthodoxen Meinung zuwiderlaufen.

Das Anerkennen der Existenz von Spirits, Sternenmenschen und selbst unsere profunden intuitiven Gaben werden von jenen lächerlich gemacht, die unsere Medien und Bildungssysteme besitzen und kontrollieren. Irgendetwas läuft hier extrem falsch. Wir scheinen auf dem Weg zurück in die Situation zu sein, die einem Gefängnis ähnelte und aus der die Plejader uns vor fast 800.000 Jahren retteten. Mir drängt sich die Frage auf, ob es daran liegt, dass wir Menschen diese Richtung nehmen wollen, oder ob es vielleicht irgendeine Einmischung von außen geben könnte?

Jetzt, wo wir wissen, dass wir niemals allein sind, lautet die nächste Frage: Wer geht noch diesen Weg mit uns? Fühlt es sich nicht so an, als hätte sich seit jeher eine verborgene Kraft darum bemüht, dass unsere Spezies den optimalen Weg aus den Augen verliert? Wer profitiert von der Zerstörung unseres Ökosystems und der faktischen Versklavung einer riesigen Anzahl von Menschen in den Entwicklungsländern?

Vielleicht fragen Sie sich, ob es Menschen gibt, die die Antwort auf unsere Ursprünge bereits kennen, möglicherweise Leute in den Geheimdienstkomitees, Regierungsbeamte oder Wissenschaftler, die an geheimen Forschungsprojekten arbeiten. Könnte es Menschen geben, die dieses Wissen bereits haben und es zu ihrem eigenen Vorteil gegen uns benutzen?

Ich habe keine wie auch immer geartete Sicherheitsfreigabe, aber es gibt hier etwas, das wir uns einmal näher ansehen sollten. Am 9. April 1983 hatte die investigative Journalistin Linda Moulton Howe einen Termin bei Sergeant Richard Doty, einem Geheimdienstoffizier der U.S. Air Force. Doty gab ihr eine Akte mit dem Titel »Briefing for the President of the United States on the Subject of Unidentified Aerial Vehicles« (Briefing für den Präsidenten der Vereinigten Staaten zum Thema Unidentifizierte Flugobjekte). Das Dokument war sehr umfangreich, aber zwei Zeilen sprangen Moulton Howe sofort ins Auge. Die eine lautete: »Außerirdische haben die DNA in einer bereits entwickelten Spezies manipuliert, um den *Homo sapiens* zu erschaffen.« In der anderen Zeile wurde klargestellt, dass irgendetwas, *Project Garnet* genannt, schon »erfolgreich alle Fragen und Geheimnisse bezüglich der Evolution des *Homo sapiens* auf diesem Planeten beantwortet« hat.[63]

Diese verblüffende Information aus den frühen 1980er Jahren gibt uns zweifellos eine Menge Stoff zum Nachdenken. Ist das Rätsel unserer Evolution vielleicht schon gelöst? Womöglich ist ja das, was uns wie revolutionäres Wissen über die Existenz hochentwickelter außerirdischer Lebensformen erscheint und die Rolle, die sie beim Ursprung der Menschheit gespielt haben, den Elite-Mitgliedern der drakonischen Machtstrukturen auf unserem Planeten längst bekannt.

Der Kontakt ist hergestellt. Wir befinden uns mitten drin in dem Prozess. Die einzige Frage, die noch beantwortet werden muss, lautet: Ist unsere Spezies bereit, diese Verbindung auf ihre nächste logische Ebene zu bringen?

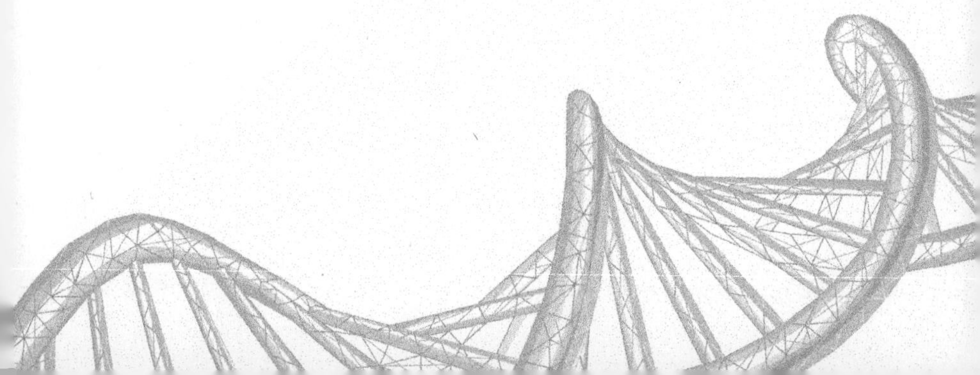

Schlussfolgerung

»Die Erde wird bald in ein neues Goldenes Zeitalter eintreten, ein Zeitalter von Liebe und Frieden. An jenem Tag wird eine letzte Entscheidung getroffen werden müssen. Manche Menschen haben dies den Tag des Jüngsten Gerichts genannt. Das ist zutreffend, doch ist es ein Urteil des eigenen Selbst über das eigene Selbst.«

Zu Beginn dieses Buches habe ich erwähnt, dass das Magazin *New Scientist* die wichtigsten Fragen aufgelistet hat, die Menschen sich heutzutage eigentlich stellen, wobei die allererste lautete: »Was ist Realität?«

Auch wenn wir die Natur der Realität nicht ausdrücklich erforscht haben, ist hier doch offensichtlich eine Menge Material besprochen worden, das sich auf dieses Thema bezieht. Die Plejader sind augenscheinlich bestens in der Lage, das Raum-Zeit-Kontinuum zu krümmen, als wäre es nichts weiter als eine Gummiunterlage. Es bereitet ihnen keinerlei Probleme, ein Bewusstsein in ein kristallines Raumschiff hochzuladen und sich ihrer selbst bewusste Aufnahmen und Kommunikationstechnologien zu erschaffen, die so aussehen wie ein ganz normaler Stein.

Es scheint, dass für diese kosmischen Wesen das Planen von Ereignissen über einen Zeitraum von Hunderttausenden von

Jahren keine größere Aufgabe darstellt als für uns die Vorbereitung zu einem Ausflug an einem langen Sommertag. Und was vielleicht am erstaunlichsten von allem ist: Diese außerirdischen Wesenheiten scheinen in der Lage zu sein, ihr Bewusstsein mit weniger Schwierigkeiten in Menschen, Delfine, Vögel und sogar andere außerirdische Wesen herunterzuladen, als wir sie vielleicht haben, wenn wir morgens nach dem Aufstehen unsere Hose anziehen. Wir können absolut verstehen, warum ihre Besuche in der Vorzeit zu Geschichten über Himmelsgötter geführt haben. Und all diesen Seltsamkeiten liegt die einfache Botschaft zugrunde, dass im Hinblick auf die fundamentale Natur von Realität es nicht ganz so ist, wie es zu sein scheint. Die alltägliche Existenz im Hintergrund, die wir als fest verankerte Tatsache betrachten, scheint weitaus plastischer und formbarer zu sein, als wir es uns je vorgestellt haben.

Selbst angesichts all unserer großartigen Leistungen und bemerkenswerten Technologien: Die Natur des plejadischen Kontakts mit der Erde, den wir erforscht, und die Dinge, die sie uns gezeigt haben, rufen uns auf Anhieb eine denkwürdige Zeile aus dem klassischen Rocksong von Bachman Turner Overdrive ins Gedächtnis: »You ain't seen nothing yet.« – »Du hast noch gar nichts gesehen.«

Ich bin der Überzeugung, das Ziel der Plejader bestand von Anfang an darin, dass die Menschheit einen Punkt in ihrer Entwicklung erreicht, an dem wir sie bitten, in eine offene, transparente, vollumfängliche Kommunikation mit jedem Einzelnen auf diesem Planeten einzutreten.

Durch medialen Austausch und allem Anschein nach auch einige unmittelbare Begegnungen mit ausgewählten Kontaktpersonen sind sie mit der Menschheit stets in Verbindung geblieben. Und mehr als das: Mir ist über jeden Zweifel hinaus bewusst, dass es Menschen auf der Erde gibt, in denen sich Seelen befinden, die einst plejadische Körper bewohnt haben, Menschen, bekannt als *Sternensaat.*

Es ist klar gezeigt worden, dass die Plejader es begrüßen würden, wenn unsere Spezies sich weiterentwickelt und verbessert, doch man muss sich die Frage stellen, was sie wohl von unserer gegenwärtigen Situation halten. Wir leben in einer Zeit, in der zahllose Menschen Hunger leiden, während Unsummen für Waffen jedweder Art ausgegeben werden, um später massenweise unschuldige Zivilisten damit zu töten. Wir werden von den schlimmsten Individuen regiert, serienmäßigen Lügnern, gierigen Betrügern und unverblümten Psychopathen, und das Schlimmste von allem ist, dass die Bevölkerung nicht viel zu unternehmen scheint, um diese Situation zu ändern.

Es mag Beobachtern aus dem All so erscheinen, als wären die Menschen noch nicht im Entferntesten so weit, einer galaktischen Gemeinschaft beizutreten, zu der verschiedene hochentwickelte Intelligenzen gehören. Tatsächlich mag man sich wundern, ob einige dieser Wesen da oben nicht versucht sind, *tabula rasa* zu machen durch ein weiteres dieser kosmischen Bombardements, über die wir zu Beginn gesprochen haben, denn die Menschen scheinen nicht besser mit dem Planeten umgegangen zu sein als die unangenehmen Wesen, die von den Plejadern eliminiert worden waren.

Hier kommt wieder *Alcheringa* ins Spiel. Dieses Wort kann die Zeit beschreiben, in der die ersten Vorfahren erschaffen wurden, aber es kann auch ›das Goldene Zeitalter‹ bedeuten. Viele überlieferte Geschichten berichten von Zyklen auf unserem Planeten, mit Phasen großer spiritueller Entwicklung, in denen Meisterlehrer existierten und die Menschheit in Harmonie lebte. Diese Phasen werden meist Goldene Zeitalter genannt, doch wir sollten nicht vergessen, dass viele dieser Zeiten durch schreckliche Katastrophen zu Ende gingen, die fast jedes Mal damit zu tun hatten, dass menschliches Verhalten einen absoluten Tiefstand erreichte. Damit ist nicht gesagt, dass alle gleich hart bestraft werden, doch diese Mythen und Legenden machen deutlich, dass bestimmte Zivilisationen oder Kulturen die Hauptlast tragen bei diesen verheerenden Reinigungsprozessen. Jene, die einer zweiten Chance würdig sind, werden gerettet und nehmen die Herausforderung an, die neue globale Zivilisation aufzubauen. Das erinnert uns an die berühmte Zeile in der Bergpredigt: »Selig sind die Sanftmütigen, denn sie werden das Erdreich besitzen.«

Ich möchte nicht übermäßig dramatisch erscheinen, aber zu wissen, dass wir nicht allein sind, ist ein zweischneidiges Schwert. Einerseits scheint uns die Möglichkeit gegeben zu sein, einer galaktischen Gemeinschaft hochentwickelter Wesen beizutreten. Andererseits werden wir von mächtigen Wesenheiten beobachtet, die den extremen Missbrauch von Macht sowie Sklaverei und den Hang zum Bösen nicht zu tolerieren scheinen. Außerdem ist uns offenbart worden, dass diese Welt eine lebende Bibliothek galaktischer Gene ist. Unsere anhaltende menschengemachte Auslöschung von Lebensformen und die Zerstörung der Umwelt wären intergalaktischen Zivilisationen wahrscheinlich ein Dorn im Auge. Schließlich könnten wir durch unsere zerstörerischen Aktivitäten die Inhalte ihrer galaktischen Bibliothek in Flammen aufgehen lassen.

Ich hoffe, dass dieses Buch vor allem eine solide Präsentation von Beweisen bietet, die die Existenz außerirdischer Wesen bestätigen. Darüber hinaus wünsche ich mir, dass es eine Aufforderung zum Handeln darstellt, denn wir sind wahrhaftig an einer monumentalen Weggabelung angelangt. Wir befinden uns direkt am Scheitelpunkt eines signifikanten Übergangs. Wir sind beinahe eine intelligente Spezies, kurz davor, als ›hoch technologisch‹ und sogar ›raumfahrend‹ anerkannt zu werden. Dies ist ein Moment, der ohne Zweifel für jedwede außerirdischen Gruppen spannend ist, die an unserer Welt interessiert sind, und ich stelle mir vor, dass die meisten von ihnen uns sicherlich anfeuern in der Hoffnung, dass uns ein erfolgreicher Übergang gelingt. Zumindest hoffen sie wahrscheinlich, dass wir uns nicht selbst zurück in die Steinzeit bomben und dass sie nicht benötigt werden, um einzugreifen und unsere Aktionen umzulenken.

Es gibt einen Grund, warum es erst jetzt und nicht schon zu einem früheren Zeitpunkt möglich war, dieses Buch zu schreiben. Die Wesen wollten zunächst eine geeignete Situation herbeiführen, in der das enthaltene Wissen sich auch verbreiten kann. Der Augenblick ist endlich gekommen. Dieses Buch ist eine Botschaft, ein Kontakt, und es ist ebenso eine Einladung wie eine Warnung. Die Frage ist, was werden wir als Nächstes tun, wie sieht unsere Antwort aus?

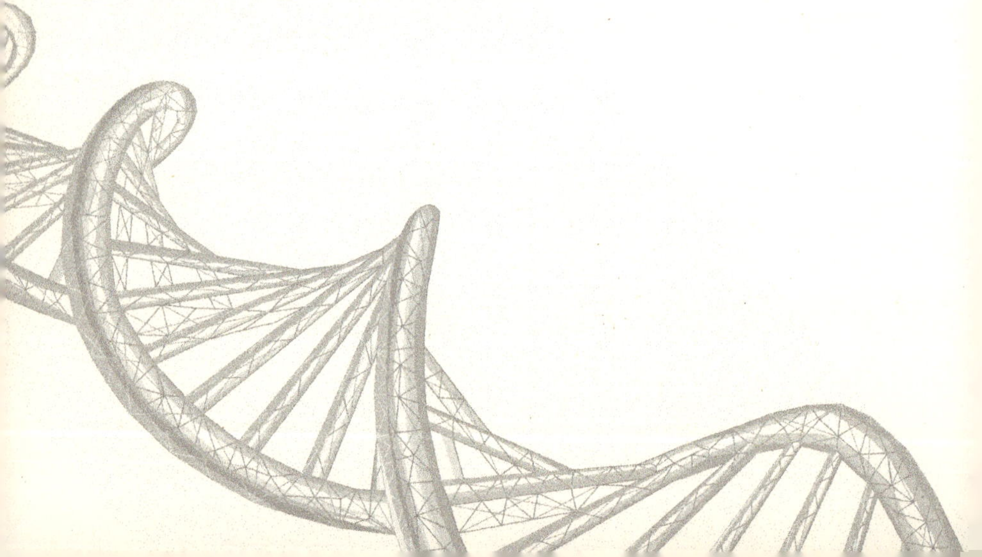

Helfen Sie mit, das Paradigma zu ändern

Ich hoffe, dass dieses Buch eine erfreuliche und bewusstseinserweiternde Reise für Sie war und Ihnen einige Denkanstöße geben konnte. Wenn Sie das Gefühl haben, dass es sich hierbei um ein Werk handelt, dass andere Menschen lesen sollten, nehmen Sie sich bitte einen Augenblick Zeit, um es Ihren Freunden und Bekannten nahezubringen. Es gibt so viele Wege, wie dieses Buch jemanden erreichen kann, für den es von Vorteil sein könnte, wenn sie oder er es liest.

Mit Ihrer Hilfe wird dieses Buch dazu beitragen, die Art zu verändern, wie die Menschheit über das Thema Außerirdische und die Entstehung der eigenen Spezies denkt.

Lassen Sie uns der Enthüllung
einen Schritt näher kommen.

Danksagung

An dieser Stelle möchte ich vor allem meinem Ehemann Bruce für seine unermüdlichen Anstrengungen danken, die hilfreichen wissenschaftlichen Informationen aufzuspüren, die für dieses Projekt erforderlich waren.

Meine höchste Wertschätzung gilt auch Valerie Barrow, die mir erlaubte, Material und Zitate (jedes Kapitel beginnt ja mit einem Zitat) aus ihrem Buch *Alcheringa: When the first ancestors were created* zu benutzen. Valeries Buch fungierte als eine Art Wegweiser für meine Forschungen.

Und ein besonderes Dankeschön geht an William Brown, den leitenden Physiker bei der Resonance Science Foundation, für seine freundlich dargebotenen Überlegungen in Bezug auf hochentwickelte Raumfahrttechnologien.

Darüber hinaus möchte ich Leonard Farra dafür danken, dass er uns seine Bücher, die zu Beginn dieser Studie erwähnt werden, zur weiteren Recherche geschickt hat.

Und ich danke auch all jenen, die hier nicht namentlich genannt sind, jedoch während meiner Forschungen großzügig ihre Zeit und Gedanken angeboten haben:

Bitte wisst, dass ihr alle hoch geschätzt seid!

Quellenangaben

1 Spencer, B., & Gillen, F. J. (1899), *The Native Tribes of North Central Australia*; http://www.sacred-texts.com/aus/ntca/ntca06.htm

2 Schneider, D. (2014), *Alien Minds*, Chapter 12; http://www.datascienceassn.org/sites/default/files/Alien%20Minds%20-%20Susan%20Schneider.pdf

3 Thames, F. (2016), *New Year's Eve With(out) Arthur Guirdham*; https://ellisctaylor.com/2016/01/09/new-years-eve-without-arthur-guirdham

4 Kieniewicz, P. (2015), *How Private are our Thoughts?*; https://explore.csimednet.org/index.php/2015/10/01/how-private-are-our-thoughts/

5 Service, R. F. (2017), *DNA could store all of the world's data in one room*; http://www.sciencemag.org/news/2017/03/dna-could-store-all-worlds-data-one-room

6 Brogaard, Dr. Berit (2016), *Can We Access the Memories of Our Ancestors Through Our DNA?*; htpps://www.vice.com/2n/au/article/ypv58j/genetic-memory

7 Clarke, A. C. (1962), *Hazards of Prophecy: The Failure of Imagination*

8 Davies, P. (2017), *The Alien Observatory – »Advanced Life May Exist in a Form That's Beyond Matter«*; http://www.dailygalaxy.com/myweblog/2017/09/-the-alien-observatory-advanced-life-may-exist-in-a-form-thats-beyond-matter.html

9 DiscoveryCSC (2013), *Planetary Science Journal Icarus: The »Wow!« Signal of Intelligent Design*; https://evolutionnews.org/2013/03/awowsignalof/

10 McKanzie, C. (2017), *Mystery Of Our Coded DNA – Who Was The »Programmer«?*; http://www.messagetoeagle.com/mystery-of-our-coded-dna-who-was-the-programmer/

11 Hypothese der »gerichteten Panspermie«; http://www.panspermia-theory.com/panspermia-theories/directed-panspermia

12 Ghose, T. (2017), *World's Oldest Fossils Possibly Uncovered in Canada*; https://www.lifescience.com/58065-evidence-of-ancient-life-unearthed.html

13 Speigel, L. (2015), *UK Scientists: Aliens May Have Sent Space Seeds To Create Life On Earth*; https://www.huffingtonpost.com.au/entry/aliens-send-space-seed-to-earthearth/n/6608582

14 Gomes, H. L., & Baxter, H. A. (2016), *Vanadium: the »beautiful metal« that stores energy*; https://theconversation.com/vanadium-the-beautiful-metal-that-stores-energy-57775

15 Wickramsinghe, N. C., & Steele, E. J. (2016), *Dangers of Adhering to an Obsolete Paradigm: Could Zika Virus Lead to a Reversal of Human Evolution?*; https://wwwresearchgate.net/publication/304505032Dangers-of-Adhering-to-an-Obsolete-Paradigm-Coould-Zika-Virus-Lead-to-a-Rerversal-of-Human-Evolution

16 Tasoff, H. (2018), *Interstellar Influenza? Space Viruses Could Reveal Alien Life*; https://www.eurekalert.org/pub-releases/2018-01/psuvae011818.php

17 Harner, M. (1992), *The Way of The Shaman*, pgs. 3-5; https://acausalrealms.wordpress.com/Michael-harners-ayahuasca-experience/

18 Waugh, R. (2017), *China Claims They Have Actually Created an EM Drive*; https://futurism.com/china-claims-they-have-actually-created-an-em-drive/

19 Christoforou, P. (2016), *How Long Would a Spacecraft Take to Reach Proxima Centauri?*; https://www.astronomytrek.com/how-long-would-a-spacecraft-take-to-reach-proxima-centauri/

20 Barrow, V. (2002), *Alcheringa: When the first ancestors were created*

21 Brown, W. (2018), persönliche Korrespondenz

22 Redd, N. T. (2017), *What is a Wormhole?*; https://www.space.com/20881-wormholes.html

23 Buck, W. (2016), *Cree mythology written in the stars*; https://www.cbc.ca/radio/unreserved/from-star-wars-to-stargazing-1.3402216/cree-mythology-written-in-the-stars-1.34002227

24 Farra, L. (1987), *Genesis Seven*, pgs. 5-9

25 Die Sieben Schwestern; http://www.kitezh.com/sevensisters/7sisters.htm

26 Book of Enoch, Chapter 14:10-12; http://www.sacred-texts.com/bib/boe/

27 Barrow, V. (2011); *The Moldavite Story: A green crystal – known as the Moldavite Stone*; http://www.valeriebarrow.com/?p=48

28 Frantisek (2014), *Tektites dating – determining the age of moldavites*; https://www.aboutmoldavites.com/tektites-dating-moldavite-age/

29 Fry, C. (2013), *Known tektite strewn fields and finds*; https://www.researchgate.net/figure/Known-tektite-strewn-fields-and-finds-from-McCall-2005-fig2-290391882

30 Andrews, R. (2018), *Massive Missing Meteorite Impact Crater Hunt Narrows After Glassy Debris Uncovered In Antarctica*; http://www.iflscience.com/environment/massive-missing-meteor-impact-crater-hunt-narrows-after-glassy-debris-uncovered-in-antarctica/all/

31 Adams, E. W., & Huffaker, R. M. (1962), *Aerodynamic Analysis of Tektites and Their Parent Bodies*; https://ntrs.nasa.gov/search.jsp?R=19980223611

32 Tektite (Australiten); http://earthsci.org/space/space/tektites/tektites.html

33 Fiske, P. S., et al. (1999), *Layered tektites of southeast Asia: Field studies in central Laos and Vietnam*; https://onlinelibrary.wiley.com/doi/pdf/10.1111/j.1945-5100.1999.tbo1388.x

34 Martin, S. (2016), *Multiple meteors hit Earth causing devastation including tsunamis and huge earthquakes*; https://www.express.co.uk/news/science/646779/Multiple-meteors-hit-Earth-at-same-time-causing-widespread-devastation

35 Barbiero, S. (2006), *On the Possibility of Instantaneous Shifts of the Poles*; https://grahamhancock/com/barbierofl/

36 Franzen, H. (2001), *Why Venus Spins the Wrong Way*; https://www.scientificamerican.com/article/why-venus-spins-the-wrong-way

37 Major, J. (2012), *Venus Spinning Slower Than Thought – Scientists Stumped*; https://news.nationalgeographic.com/news/2012/02/120214-venus-planets-slower-spin-esa-space-science

38 Chalk, T. B. (2017), *Causes of ice intensification across the Mid-Pleistocene Transition*; http://www.pnas.org/content/112/50/13114

39 Worral, S. (2018), *Earth's Poles Will Eventually Flip, So What Then?*; https://news.nationalgeographic.com/2018/02/earth-magnetic-field-flip-pole-spinning-magnet-alanna-mitchell/

40 Pappas, S. (2018), *An Electro-Blob Under Africa May Be »Ground Zero« for Earth's Magnetic Field Reversal*; https://www.livescience.com/61958-africa-blob-earth-magnetic-flip.html

41 Genetik und menschliche Gesundheit – Grundlagenpapier; https://www.alrc.gov.au/publications/2-genetics-and-human-health-primer/genetic-difference-genotypoe-and-phenotype

42 Moore, M. (2016), *How the Hobbits kept their tools as they shrank into island life*; https://theconversation.com/how-the-hobbits-kept-their-tools-as-they-shrank-into-island-life-59529

43 Akst, J. (2010), *Ancient humans more diverse?*; https://www.the-scientist-com/?articleNo/27922/title/Ancient-humans-more-diverse-/
44 Huff, C. D. (2017), *New Look at Archaic DNA Rewrites Human Evolution Story*; https://unews.utah.edu/new-look-at-dna-rewrites-human-evolution-story/
45 Noonan, J. P., et al. (2006), *Sequencing and analysis of Neanderthal genomic DNA*; https://www.osti.gov/servlets/purl/923281
46 Harding, R. M., et al. (1997), *Archaic African and Asian lineages in the genetic ancestry of modern humans*; https://www.ncbi.nlm.nih.gov/pmc/articles/PMC1712470/
47 Ijdo, J. W. (1991), *Origin of human chromosome-2: an ancestral telomere-telomere fusion*; https://www.ncbi.nlm.nih.gov/pmc/articles/PMS52649/
48 Venema, D. (2012), *Denisovans, Humans and the Chromosome 2 Fusion*; https://biolohos.org/blogs/dennisvenema-letters-to-the-duchess/denisovans-humans-and-the-chromosome-2-fusion
49 Benton, A. (2016), *Adam's chromosomes were fused (and he lived earlier than we thought)*; http://www.filthymonkeyman.com/2016/11/08/adams-chromosomal-fusion/
50 Kaku, M. (2016), *Mankind Has Stopped Evolving*; http://bigthink.com/dr-kakus-universe/mankind-has-stopped-evolving
51 Ruiz Rejón, M. (2017), *The Origin of the Human Species: a Chromosome Fusion?*; https://www.bbvaopenmind.com/en/the-origin-of-the-human-species-a-chromosome-fusion/
52 Stankiewicz, P. (2016), *One pedigree we all may have come from – did Adam and Eve have the chromosome 2 fusion?*; https://www.ncbi.nlm.nih.gov/pms/articles/PMC5037601/
53 Briggs, H. (2016), *DNA clue to how humans evolved big brains*; https://www.bbc.com/news/science-environment-38226810
54 Smithsonian; *Bigger Brains: Complex Brains for a Complex World*; http://humanorigins.si.edu/human-characteristics/brains

55 Ghose, T. (2015), *»Big Brain« Gene Allowed for Evolutionary Expansion of Human Neocortex*; https://www.scientificamerican.com/article/big-brain-gene-allowed-for-evolutionary-expansion-of-human-neocortex

56 PA (2012), *What made us human: »unique« evolution gene found*; https://www.smh.com.au/technology/what-made-us-human-unique-evolution-gene-found-20121115-29d9p.html

57 Trafton, A. (2014), *Neuroscientists identify key role of language gene*; http://news.mit.edu/2014/language-gene-0915

58 State, P. (2015), *Earliest known fossil of the genus Homo dates to 2.8 to 2.75 million years ago*; https://www.heritagedaily.com/2015/earliest-known-fossil-genus-homo-dates-2-8-2-75-million-years-ago/106958

59 Dennis, M. Y. (2012), *Human-specific evolution of novel SRGAP2 genes by incomplete segmental duplication*; https://www.nvbi.nlm.nih.gov/pmc/articles/PMC3365555/

60 Griffith, J. (2015), *Freedom: The End of the Human Condition, Sexual selection for integrativeness explains neoteny*; https://www.humancondition.com/freedom-sexual-selection-for-integration-explains-neoteny

61 Trut, L. (2009), *Animal evolution during domestication: the domesticated fox as a model*; https://www.ncbi.nih.gov/pmc/articles/PMC2763232/

62 Universidad de Barcelona (2018), *Did humans domesticate themselves?*; http://www.ub.edu/web/ub/en/menue-ines/noticies/2018/92/027.html

63 Rojas, A. (2016), *UFO disclosure at Kirtland Air Force Base*; http://www.openminds.tv/ufo-disclosure-afb/3818

Daniella Fenton

ist eine unabhängige australische Forscherin, die sich auf das Studium von Medialität und Genetik konzentriert. Die meiste Zeit ihres Lebens verbrachte sie mit übersinnlichen Phänomenen, sowohl durch persönliche Erfahrungen als auch durch Recherchen, wodurch sie ein intimes Wissen über die Funktionsweise von allem gewonnen hat, was gemeinhin als »äußerst seltsam« bezeichnet wird. Sie ist ein begabtes spirituelles Medium, eine ausgebildete Rückführungstherapeutin und ein begehrter Coach. Fünf Jahre verbrachte sie in den ecuadorianischen Anden damit, sich an der Seite indigener Heiler schamanische Kenntnisse zu erarbeiten, und erwarb die staatlich zertifizierte Erlaubnis, in Peru Schamanismus zu praktizieren. Ihre Forschungsarbeit über vorgeschichtliche Außerirdische in Australien und speziell das genetische »Update« der Menschheit durch Plejader vor 800.000 Jahren wurde in zahlreichen Radioshows vorgestellt und erschien auf Webseiten rund um den Globus. Ihr Interesse an Genetik entwickelte sich aus ihrer Tätigkeit als professionelle internationale Pferdehändlerin, die in ihrer Branche für ihr unglaubliches Wissen über die Anatomie und Blutlinien von Pferden respektiert wird.

Daniella ist mit Bruce R. Fenton verheiratet, der sie bei ihren Recherchen unterstützt. Er ist ein Experte für Informationssysteme, der sich seit mehr als zwanzig Jahren der Erforschung von wissenschaftlichen Anomalien und alten Mysterien widmet und sich auf die Migration der Menschheitsvölker aus dem Ursprungsland Afrika spezialisiert hat.

www.hybridhumans.net